Thanksgiving juvenile

感 恩 少 年

年中国丛书

少年强则中国强

彩图版

感恩少年

策划⊙孟凡丽

主编⊙袁 毅

Wuhan University Press

武汉大学出版社

图书在版编目(CIP)数据

感恩少年/袁毅主编. —武汉:武汉大学出版社,2013.1(2023.6重印)

(少年中国丛书:彩图版)

ISBN 978-7-307-10440-2

Ⅰ.感… Ⅱ.袁… Ⅲ.品德教育 – 中国 – 少年读物 Ⅳ.D432.62

中国版本图书馆 CIP 数据核字(2013)第 022672 号

责任编辑:代君明　　　　责任校对:杨春霞　　　　版式设计:王　珂

出版发行:**武汉大学出版社**　　(430072　武昌　珞珈山)

　　　　　(电子邮箱:cbs22@ whu. edu. cn 网址:www.wdp. com. cn)

印刷:三河市燕春印务有限公司

开本:710×1000　1/16　　印张:10　　字数:68 千字

版次:2013 年 1 月第 1 版　　2023 年 6 月第 3 次印刷

ISBN 978-7-307-10440-2　　定价:48.00 元

故今日之责任，不在他人，而全在我少年。少年智则国智，少年富则国富，少年强则国强，少年独立则国独立，少年自由则国自由，少年进步则国进步，少年胜于欧洲，则国胜于欧洲，少年雄于地球，则国雄于地球……

——摘自梁启超《少年中国说》

一百多年前，中国身陷半殖民地半封建社会的境地，外有列强步步逼入，内有政府腐败无能，梁启超奋笔疾书《少年中国说》，以此激励世人扛起振兴中华的责任。

一百多年后，今天的中国国力渐强，但仍面临着各种各样的机遇和挑战。今日国之希望，未来国之栋梁，唯我少年！

但是要想担负起这个希望，要想成为这个栋梁，不是把《少年中国说》倒背如流就可以做到的。现在国与国的竞争，人与人的竞争越来越多元化、复杂化，在把语数英这些基础学科的知识掌握好之外，我们还需要培养自己的多元素质体系，这样才能使自己在与他人的竞争中立于不败之地，这样的少年担负起的中国才能在与他国的竞争中立于不败之地！

《少年中国丛书》选取了一个好少年最应该具备的基本素质：爱国、梦想、美德、感恩、创新、礼仪、励志和智慧。在一个个感化心灵的故事中潜移默化，在一个个精彩的主题活动中把这些素质落实到行动。

在这套书的陪伴引领下，让我们一起做一个好少年，做一个扛得起国之希望的好少年！

编委会

少年中国

少年强，则中国强

Thanksgiving juvenile
▶▶▶ 目录 / *contents*

第三章 猫的报恩

第四章　不该灭绝的树虎

Thanksgiving juvenile

第一章/我身上裹着父母的爱

　　父亲的爱，就像是一座巍峨的高山，他总是将所有的感情都默默地隐藏在他那伟岸的脊背上；母亲的爱，就像是一片温馨的港湾，而母爱的伟大似乎用尽世间最美好的语言都无法描绘。父母的爱，仿佛是一泓泉水，这水从心头流过，滋养着我们的心田，让赤子的心清澈明净。感恩父爱，就是在感恩生命的伟岸；感恩母爱，就是在感恩世间最无私伟大的爱。

母爱无敌 ▶▶▶

黑暗的世界里，只有母爱在发着光，散发着巨大的能量。

张丽萍加完班回到家，发现家里黑着灯。她稍微愣了一下，才记起来，丈夫带女儿去医院看门诊了。想起女儿，张丽萍的心一阵抽搐。女儿才只有十八岁，却不幸染上了眼疾，眼球慢慢萎缩，最后的结局是完全失明，唯一的希望是进行眼球移植。

张丽萍掏出钥匙打开门，拉开灯，被眼前的景象惊呆了：家里所有的橱门都敞开着，显然是被人撬过了。天哪，给女儿准备的手术费！张丽萍冲进卧室，在床下的一个夹缝里摸索了一会儿，谢天谢地，银行卡还在。

"藏得好严实啊！"突然，一个彪形大汉不知从哪里闪身出来，手里握着一柄寒光闪闪的尖刀。张丽萍脸色煞白，浑身不由自主地哆嗦着："你……你……想干什么？"歹徒用尖刀逼着张丽萍："把密码告诉我！"张丽萍在那一瞬间就打定了主意。无论如何，她都要把这个穷凶极恶的家伙捉住。她不容许任何人威胁到她的女儿。她装出一副像是被吓坏了的样子："密码我可能……记在一个小本子上了。我能不能找找看？"歹徒显然有点不耐烦了："快点！"

张丽萍站起身来，走向梳妆台，拉开一只小抽屉。歹徒紧张起来，把尖刀一挑，随时准备扑过来。张丽萍一把将抽屉拉出来，端给歹徒看。里面只有一些化妆用品，还有一个小本子。

张丽萍打开小本子，一页页寻找着翻看。可是卧室太暗了，张丽萍只好吃力地把小本子举到眼前，几乎贴到脸上了。"我能不能插上台灯？"张丽萍问歹徒，歹徒点点头。张丽萍心中一阵狂喜，不动声色地把台灯的插头插到电源的插座上。只见火光一闪，"啪"的一声，整个屋子陷入一团漆黑。保险丝烧断了！这只没有来得及修理的短路的台灯立了大功！

"怎么回事？"歹徒被这意外的变故吓了一跳。他瞪大双眼，可是无济于事。屋外没有路灯，屋子里除了黑暗还是黑暗。"要命的话，你就别乱来！"歹徒警告着，挥舞着尖刀。

电话铃突然"嘟嘟"地响起来，然后是三声急促而连贯的拨号声，接着一个甜润的女声让歹徒胆战心惊："你好，这里是110报警中心……"歹徒冲着声音响起的方向一个箭步冲过去，一手挥舞着尖刀，一手摸着找到电话，用力扯断电话线。刀子没有扎到张丽萍。歹徒倒退着想原路退到门边，却被梳妆凳绊了一下，"扑通"一声重重地跌倒在地。当他吼叫着爬起来时，就再也找不到方向了。

"嗨！"那女人在身后叫他。他猛一转身，瞪大双眼在黑暗中搜寻，正好被扑面而来的气雾杀虫剂喷了满眼。歹徒双眼一阵刺痛，惨叫一声，忙拼命用手去揉。

卧室的房门响了一声。他朝着响声摸过去。门是开着的。门外就是客厅，歹徒朝客厅摸过去，却碰到了茶几。不对啊，明明记得房门就在这个方向啊。歹徒摸出打火机，"嚓"的一声打着火，高举起来四望。他看到了，那女人就站在不远处对他怒目而视，手里拿着暖水瓶！歹徒再想躲避，已经晚了，热水"哗"的一下泼向歹徒持刀的右手。歹徒手里的尖刀应声落地。黑暗中，张丽萍飞起一脚踢向地上的尖刀，尖刀"当"的一声在墙上撞了一下，就不知落到什么地方了。

"大姐，银行卡我还给你，你高抬贵手放我走吧！"歹徒颤着声哀求道。

"那好，你先把银行卡给我放下。往前三步走，再往左走两步，前面是电视柜，就放在那上面。"无可奈何的歹徒只好顺从，果然在那里摸到电视柜。歹徒放下银行卡，就听女人又说："现在，原路退回去。"歹徒照办后，不料一脚踩进套索里。套索猛地收紧，歹徒重重地摔倒在地上。

他挣扎着去解套索，却听到一声断喝：

"不准动！我还有一壶开水呢！乖乖躺着吧，否则把你的脑袋煮成熟鸡蛋！"

外面警笛尖厉地鸣叫着，由远而近，终于在附近停了下来，然后就听见人声杂沓。歹徒有气无力地瘫倒在地上，心有余悸地问张丽萍："大姐，你让我死个明白吧，你是不是有特异功能，会夜视？"

张丽萍冷冷一笑，回答说："你错了，我并不会什么夜视。从女儿的眼病确诊那一天起，我就准备把我的眼球移植给她了。从那以后，我就一直训练自己在黑暗中生活。现在看来，成绩还不错。"

直到被押上警车，歹徒才痛悔地想清楚：你可以欺凌一个女人，但千万不能招惹一位母亲啊。

感恩传承

　　法国有一句名言：女人固然是最脆弱的，母亲却是坚强的。没错，母亲不但是坚强的，还是智慧的。在面对歹徒时，张丽萍首先是作为一位母亲为了女儿而战，在爱的名义下，母亲在危险关头所迸发出的力量与智慧是不可估量的。在这里母亲就是伟大和无所不能的代名词。

樱桃树下的母爱 ▶▶▶

母亲的耳朵虽然失聪了，但她一定能听得见孩子的琴声，因为这声音早已刻在了她的心里……

蒂姆四岁这年，一贯花天酒地的父亲向母亲提出了离婚。母亲带着他搬到了马洛斯镇定居。

马洛斯镇尽头有一个大型的化工厂，工厂附近有许多美丽的樱桃树，蒂姆一眼就喜欢上了这里。

蒂姆在新的环境中生活得十分愉快。他喜欢拉琴，每天都拿着心爱的小提琴来到院子里的樱桃树下演奏。

不幸再一次降临到了这对母子身上。化工厂发生了严重的毒气泄漏事故，距离化工厂最近的蒂姆家受到了严重的影响。蒂姆时常恶心、呕吐，最可怕的是他的听力开始逐渐下降。医生遗憾地表示蒂姆的听觉神经已严重受损，仅仅保有极其微弱的听力。

母亲狠下心把蒂姆送到了聋哑学校，她知道要想让儿子早日从阴影里走出来，就必须尽快接受现实。医生提醒过，由于年纪小，蒂姆的语言能力会由于听力的丧失而日渐下降，因此即使在家里，母亲也逼着蒂姆用手语和唇语跟她进行交流。在母亲的督促和带动下，蒂姆进步得很快，没多久就能跟聋哑学校的孩子们自如交流了。樱桃树下又出现了蒂姆歪着脑袋拉琴的小小身影。

看到儿子的变化，母亲很是欣慰。和以前一样，每次只要蒂姆开始在樱桃树下拉琴，她都会端坐在一边欣赏。不同的是，演奏结束后母亲不再是用语言去赞美，取而代之的是她也日渐熟练的手语和唇语，以及甜美的微笑和热情的拥抱。

可蒂姆的听力有限，他很想听清那些美妙的旋律，但他听到的只是"嗡嗡"声。蒂姆很沮丧，心情一天比一天糟糕。看着儿子如此痛苦，母亲不禁也伤心地流下泪来。一天，母亲用手语对蒂姆"说"道："孩子，尽管你不能完全听清楚自己的琴声，但你可以用心去感觉啊！"

母亲的话深深印在了蒂姆心里，从此他更刻苦地练琴，因为他要用心去捕获最美的声音。蒂姆后来发现，只要自己演奏较长的乐曲，有时明明超过了50分钟，早到了该翻面的时候，可母亲还看着自己一动不动。事后蒂姆提醒母亲，母亲忙说抱歉，笑称自己是听得太入迷了。后来，只要录音，母亲都会戴上手表提醒自己，再也没出现过任何疏漏。

樱桃树几度花开花落。在法国的一次少年乐器演奏比赛上，蒂姆以其精湛的技艺和昂扬的激情震撼了在场所有的评委，当之无愧地获得了金奖。而当人们得知他几乎失聪时，更是觉得他的

成功不可思议。许多人把他称为音乐天才。更幸运的是，蒂姆的听力问题也受到了医学界的关注。经过巴黎多位知名专家的联合会诊，他们认为蒂姆的听力神经没有完全萎缩，通过手术恢复部分听力的可能性很大。

手术很快实施了，术后的效果很理想，医生说再佩戴上人造耳蜗，蒂姆的听觉基本上就能与常人无异了。

佩戴上耳蜗的这天，蒂姆表现得特别兴奋，他用手语告诉母亲："从现在起，我要学习用口说话，您也不必再用手语和唇语跟我交流了。"他甚至激动地拉起了小提琴，用结结巴巴的声音说："妈妈，我能听见了，这是多么美妙的声音啊！"然后他又问道："妈妈，您最喜欢哪首曲子，我现在就拉给您听好吗？"

但奇怪的是，母亲似乎根本没有听见他的话，她依然坐在那里含笑看着他，保持着沉默。蒂姆又结结巴巴地问："妈妈，您怎么不说话啊？"这时，护士小姐走了过来，她告诉蒂姆，他的母亲早已完全失聪。蒂姆睁大了眼睛，直到这时，他才知道了真相：原来，在那次毒气泄漏事故中损坏了听觉神经的不只是他，还有他的母亲。只是为了不让蒂姆更加绝望，母亲才一直将这个秘密隐藏到现在。母亲的绝大部分时间都是和蒂姆用手语和唇语交流，因为很少开口，如今都不怎么会说话了。蒂姆想起年少时对母亲的种种误解，不由得抱着母亲痛哭起来。

蒂姆和母亲回到了家中，初春时节，在开满粉红花瓣的樱桃树下，伴着柔柔的和风，蒂姆再次为母亲拉起了小提琴。他知道，母亲一定听得到自己的琴声，因为她在用心去感受儿子的爱和梦想。虽然他当年在母亲那儿得到的只是无声的鼓励，但这其实是一位伟大的母亲奉献给儿子的最振聋发聩的喝彩。

感恩传承　　蒂姆在自己的苦难中挣扎时，是母亲帮助他走出泥沼，是母亲帮助蒂姆战胜了一切看似不可能打败的困难。母亲用无声的方式鼓励着蒂姆，教会蒂姆用心去感觉自己的琴声。与此同时，她也在用心感受着儿子的梦想。如果说这世界上真的有上帝存在，那么母亲就是我们的上帝。

摔碎的心脏 ▶▶▶

绝症也许不是最大的打击，辜负了爱，才是最值得痛惜的。

在十六岁那年的暑假，她又一次住进了北京的一家医院，她终于从病历卡上知道了自己患的是一种几近绝症的疾病。

在得知真相后的第四个晚上，在她准备结束自己生命的瞬间，父亲紧紧地抱住了她……那一晚，家里一片呜咽，而父亲却没有再掉眼泪。他只是在一片泪水的汪洋中，镇静地告诉她："我们可以承受再大的灾难，却无法接受你无视生命的举动。"

三天后，在市区那条行人如织的街道旁，父亲衣衫褴褛地跪在那里，脖子上挂着一块牌子，牌子上写着："……我的女儿得了一种绝症，她的心脏随时都可能停止跳动。善良的人们，希望你们能施舍出你们的爱心，帮助我的女儿走过死亡，毕竟她才只有十六岁啊……"她是在听到邻居说父亲去跪乞后找过去的。

当时，父亲的身边围着一圈的人，人们看着那块牌子，窃窃议论着，有人说是骗子在骗钱，有人就吐痰到父亲身上……父亲一直垂着头，一声不吭。她分开人群，扑到父亲身上，抱住父亲，泪水又一次掉了下来……

父亲在她的哀求中终于不再去跪乞，却开始拼命地去做一些危险性比较高，收入比较多的工作，他要攒钱给女儿做心脏移植手术，因为这是延续女儿生命的唯一方法。但是即使有了钱，哪里有心脏可供移植呢？

直到有一天，她从父亲的衣兜里发现了一份人身意外伤亡保险单和一封信。那是一份写给有关公证部门的信件，大意是说，他自愿将心脏移植给女儿！一切法律上的问题都和其他人没有任何关系……

原来，他是在有意接触高危工作，是在策划着用自己的死亡换取女儿的生存啊！

七个月后的一天，这位还不到四十岁的父亲在一处建筑工地抬预制板的时候，和他的另一个工友双双从5楼坠下。女儿赶到医院的时候，父亲已经没有了呼吸。听送她父亲到医院的一些工友们讲，父亲坠下后，双手紧紧地捂在胸口前……女儿知道，父亲在灾难和死亡突至的刹那，还惦挂着她，还在保护着他的心脏，因为，那是一颗他渴望移植给女儿的心脏！

但父亲的心脏最终还是没有能够移植给女儿，因为那颗心脏在坠楼后被摔碎了。

镌刻在地下五百米的母爱 ▶▶▶

一位母亲，在深井中爬行了十几年。在生命的最后一刻，她用最后的精力，刻下了对孩子最后的爱语。

这位母亲叫赵平姣，今年四十八岁。谁能想到，在不见天日的煤井深处，她已经弓着脊梁爬行了十几年。

1993年，赵平姣的丈夫陈达初在井下作业时被矿车轧断了右手的三根手指。为了供女儿陈娟、儿子陈善铁上学，赵平姣决定自己也下井挖煤。

起初，赵平姣的艰辛并没有得到儿女的理解。第一次下井的那天傍晚，陈娟带着弟弟去矿上找父亲。突然，姐弟俩发现了母亲，她是那样的黑、那样的丑，被汗水打湿了的衣服紧紧贴在身上，浑身上下沾满了煤灰。陈娟立刻拉着弟弟的手往家走，生怕被母亲发现喊住他们，更怕别人发现那是他们的母亲。

从那以后，陈娟再也不愿意在别人面前提起母亲了。

1997年3月的一天，一根矿木重重地砸在了赵平姣的左腿上，但是她没说什么，一直挺到下班。晚上，赵平姣悄悄地爬起来，用藏红花油涂抹患处。陈娟起夜时看见了妈妈的身影，问道："妈，你在干什么？"赵平姣吓了一跳，忙不迭地拉下裤腿。陈娟挽起母亲的裤腿，她惊呆了：母亲的左腿淤青了一大片，还渗着血；她的膝盖结着厚厚的一层硬茧，摸上去粗糙得扎手！瞬间，眼泪涌满了陈娟的眼眶。

　　1998年秋，陈娟初中毕业考取了市里一所职高。从这一年起，女儿的学费和生活费一年共需要一万多元，儿子上初三的学费一年也需要一千多元。赵平姣决定做最苦、最累的活——"背拖拖"。"背拖拖"是方言，是指在井头处，把煤用肩拖到几十米外的绞车旁。井头是不通风的死角，人在里面根本直不起腰，稍微运动就会气喘吁吁，而且那是井下最危险的地方。从此，赵

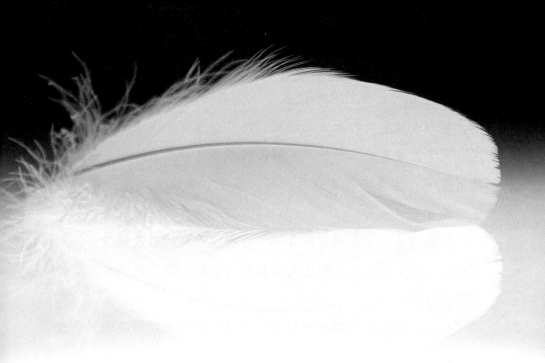

平姣工作时总是蜷缩着身体爬行在井头，艰难地将100来公斤的煤拖到绞车旁。因为是计件算工资，所以这位体重仅45公斤的母亲，每次总是想要拉更多、更多……

2005年秋，陈善铁以优异的成绩考上了华中农业大学，赵平姣激动不已。送儿子上火车之前，她叮嘱道："儿子，好好读书，每年的学杂费和生活费，妈会为你准备。妈知道你节俭，但你千万不要亏待自己。"

赵平姣舍不得让儿子在大学里因为没钱而受委屈，她决定坚持到儿子大学毕业。夫妻俩满怀希望地憧憬起以后的日子：老两口种种地，偶尔和儿女打打电话……

然而，就是这样简单朴素的愿望，竟被一场突如其来的厄运砸得支离破碎。2006年4月6日夜里10时，矿井深处突然传来一连串沉闷的爆炸声，大地剧烈地抖动了几下！煤矿发生了瓦斯爆炸事故。

经过七天七夜的紧急搜救，人们在井下找到了赵平姣的遗体。她似乎知道自己无法逃避死亡劫数，没有继续往上爬，只是用一只手捏着鼻子，另一只手斜搭在湿润的井壁上。在那里，依稀可见她在生命绝望的最后一刻，用手指写出来的几个字：儿子，读书……

一位母亲，在黑暗的矿井下，在孤立无援的最危急关头，以这样的方式向她的孩子和丈夫作最后的告别。在场的搜救人员被深深震撼了！

陈娟和陈善铁接到噩耗后赶回家时，母亲已经长眠地下！姐弟俩抱头痛哭，那一刻，天地也为之动容……

| 感恩传承 | 母亲孕育生命，同时也支撑着生命。母亲甘愿在深井中爬行，是为了孩子的未来；母亲在生命的最后一刻用手指写下自己的希望，也是关心孩子的未来。从我们生命开始的那个瞬间，母亲就时刻关心着我们的明天。为了孩子的未来，母亲甚至可以搭上自己的现在。心怀感恩，方能感知母爱的伟大。 |

父亲的遗产 ▶▶▶

原来，无论过程是怎样的错综复杂，唯一不曾改变的，是父亲对孩子无限的希望。

母亲早逝，卢强和弟弟跟着父亲相依为命。卢强性格倔强，而弟弟则性情温和。父亲常说，卢强像他，弟弟像母亲。卢强叹气，的确，父亲脾气暴躁，而他脾气也不好。

不知道从哪天起，和父亲顶撞成了他的习惯。于是，父亲蒲扇般的大手一次次落到他身上，这却让卢强越来越叛逆。而弟弟乖巧，父亲一看到弟弟就会喜笑颜开，从没打过弟弟一巴掌。十八岁时，卢强在又一次和父亲激烈争吵之后，负气离家出走，很少再与家人联系。

一直身体健康的父亲，突然脑溢血去世了，那是在卢强离家六年之后。弟弟说，父亲清早还在院子里打太极拳，突然倒下去，送到医院没几个小时，就走了。接到弟弟的电话，卢强风尘仆仆地回家。父亲的老朋友刘伯，帮着兄弟俩安葬了父亲。

办完丧事之后，刘伯将卢强和弟弟叫到身边，说："你们兄弟俩都知道，你们的爹是个老兵，活了七十多岁，这辈子吃了不少苦，却没留下多少财产。说起来，也只有这栋房子和一个木箱。临终，他让我当证人。房子留给老二，木箱留给老大。"

卢强头也不抬："木箱我也不要了。"说罢，他起身就走。父亲是何等的偏心？这房子一百多平方米，又在市中心，要卖也值几十万的。一个破木箱，值不了几块钱！到现在，他仍然记得自己出走前父亲扔下的话："有种就混个人样儿再回来！"他现在还没混出个人样，他不该回来！

可刘伯没等卢强走开，一只手铁钳一般抓住了他。刘伯好像努力压抑着怒气，缓缓地对他说："这是你父亲留给你的，你应该带走它。"

卢强停住脚，冷冷一笑，伸手打开了木箱。里面是两件发黄的破烂军装，一双已经破旧不堪的鞋子。卢强看着刘伯说："这就是父亲留给我的遗产？他这会儿如果在天上看着，应该是在嘲讽我吧？这就是不孝子的下场！"

没等卢强说完，刘伯突然给了他一巴掌，并且跳了起来。他大声呵斥道："你的确是不孝子！你爹把他这辈子最珍惜的东西留给了你，你居然还在这说混账话！"刘伯的话让卢强感到震惊，不过他没有再和刘伯顶撞，背起木箱走了。

一晃，十年过去了。卢强经过自己的努力，有了自己的公司，而且分公司开到了十多个城市。

清明节，卢强回家祭父亲。兄弟俩一起来到烈士陵园，给父亲摆上酒，弟弟突然对卢强说："哥，你知道吗？父亲去世前，一直很想你的，你走到哪儿他都知道。当时，我很担心你，可父亲却不让我跟你联系。父亲说，你外出闯荡，就跟他当年行军打仗一样。百炼成钢，吃得了苦才能成得了事。他还说，这一点，我远不如你。"说罢，弟弟低下了头。

卢强诧异地看着弟弟。在父亲眼里几乎倾尽全部爱心的小儿子，怎么会远不如自己？弟弟苦笑："是啊，父亲的确是这么说的。表面上看起来父亲对你很凶，背地里却十分欣赏。父亲知道我性情温良，守着一套房子，有一点钱，这辈子就能安安稳稳地过日子了。我也的确是这样，让我像你一样外出闯荡，这是根本不可能的事。"

微微叹了口气，卢强拍拍弟弟的肩，安慰他："你能知足常乐，哥倒羡慕你呢。爸不是说了，我像他，天生吃苦的命。没苦头吃，这辈子就觉得白活了。你呢，像妈，性情好。"

听了这话，弟弟一脸犹疑，欲言又止。卢强微微皱起眉，弟弟突然说："哥，你知道吗？你和我，都不是爸的儿子。"

卢强怔怔地看着弟弟，问这怎么可能？小时候，父亲曾指着全家福看，他的确长得像父亲，而弟弟眼睛很像母亲的。弟弟笑了，那不过是父亲在哄他们。父亲去世一年后他才知道，他和哥哥都是孤儿，是父亲两个去世战友的儿子。

"知道父亲为什么把那两件军装和鞋子留给你吗？"弟弟问。卢强点头。父亲，是为了让他即使撞得头破血流也要百折不挠。弟弟摇头，后面的话，他却咽了回去。哥哥的亲生父亲，曾是个战场上的逃兵，亲生母亲含羞不过，自杀身亡，父亲毅然收养了他们的儿子。父亲之所以要把那两样东西留给哥哥，是要他像自己一样，做一个铁骨铮铮的硬汉，而不是一个逃兵！父亲对哥哥过于严苛，完全是因为爱得深切，寄予的希望太大啊！

卢强低下头，想问什么，却没有问出来。半晌，他的眼睛一酸，一股灼热的液体瞬间而下。

感恩传承

在朱自清的《背影》中，父爱定格在爬过月台的那一瞬间。这一瞬间之所以感人，是因为它诠释了父亲隐忍却又无私的爱。主人公卢强得到的也是这样一种爱，父亲从不解释他的爱，却也从没放弃过这份父爱。想想我们自己，长大后，父亲不再给我们拥抱和亲吻，但他的眼神依然关注着我们的一举一动；他的话语坚定、不容置疑，以自己的方式为我们指引着前进的方向。要学会感恩父爱，哪怕只是读懂这份隐忍的爱，父亲也许就心满意足了。

地震中的母亲 ▶▶▶

在生命的最后一刻，母亲留给孩子的，是生存的空间，也是人类能够表达的最极限的爱。

在2008年的5月，酝酿了太多可歌可泣的故事，有着太多可钦可佩的人物。

当我们沉浸在地震带来恐惧和哀伤时，朋友告诉我一个关于母亲的故事。这个故事让我的心久久不能平静。女人固然是脆弱的，但是母亲却是坚强的。在生死相隔一线之间，一位脆弱的母亲最后选择了后者，孩子在母亲的保护下活了下来，而这位感天动地的伟大母亲却踏上了不归路。

这个故事就发生在四川地震现场。抢救人员发现她的时候，她已经死了，是被垮塌下来的房子压死的。透过那一堆废墟的间隙可以看到她死亡的姿势——双膝跪着，整个上身向前匍匐着，双手扶着地支撑着身体，有些像古人行跪拜礼，只是身体被压得变形了，看上去有些诡异。

　　救援人员从废墟的空隙伸手进去确认了她已经死亡，又冲着废墟喊了几声，用撬棍在砖头上敲了几下，里面没有任何回应。当人群走向下一个建筑物的时候，救援队长忽然往回跑，边跑边喊"快过来"。他又来到她的尸体前，费力地把手伸进女人的身子底下摸索，他摸了几下突然高声喊："有个孩子，还活着"。

　　经过一番努力，人们小心地把挡着她的废墟清理开，发现在她的身体下面躺着她的孩子，包在一个红色带黄花的小被子里，大概有三四个月大，因为有母亲的身体庇护着，他毫发未伤。抱出来的时候，他还安静地睡着，他熟睡的脸庞让所有在场的人都感到很温暖。

　　随行的医生过来解开被子准备做些检查，发现有一部手机塞在被子里，医生下意识地看了下手机屏幕，发现屏幕上是一条已

经写好的短信："亲爱的宝贝，如果你能活着，一定要记住我爱你"，看惯了生离死别的医生在这一刻也号啕大哭。

　　看完整个故事，刹那间泪水将我的双眼淹没。我记起在英国民间流传的一句话：没有无私的、自我牺牲的母爱的帮助，孩子的心灵将是一片荒漠。地震中的母亲，您好好安息吧！您的孩子因为您的付出将会变得更加坚强！

感恩传承　　我们很难想象，在天塌地陷的那个瞬间，这位母亲是以怎样的毅力在保护着自己的孩子；在死亡之神召唤这位伟大的母亲时，她又是如何留恋着怀里的宝贝。可以说，这位母亲，用自己全部的能量和爱，在极其短暂的瞬间诠释了什么是母爱。

母亲的需要 ▶▶▶

谁都没有想到，纽卡夫人能够重新好转起来。医生们至今还在称赞，这是个奇迹。

罗德是旧金山最成功的商人之一。他唯一苦恼的事情，就是母亲纽卡夫人不肯从淘金小镇上那个简陋的家里搬到自己在旧金山的别墅来。

纽卡夫人七十多岁，头发花白。因为早年劳累过度，所以现在走路直不起身子。她穿最便宜的衣服，吃简单的面包和几片生菜叶子。陌生人谁都不会想到，她的儿子就是富豪罗德。

这是她年轻时候养成的习惯。罗德三岁的时候，他的父亲因为结核病无钱医治死去。她一个人带着罗德，为了生存，不得不像个强壮的男人一样，加入到了开山挖石的队伍当中。为此，她失去了十个手指的指尖，但是生活逼迫她必须这样一直艰苦地坚持做下去。

罗德成功后，有人说纽卡夫人终于可以享福了。可是纽卡夫人很快就病了，而且很严重。医生说，纽卡夫人是因为年轻时候过度的劳累，透支了自己的生命。她的各个器官老化得很严重，很可能支撑不到一年的时间。

就在纽卡夫人一天比一天变得虚弱，一天比一天老态横生的时候，罗德先生的生意也出了事情，一个合伙人席卷了他的钱财和契约逃之夭夭。罗德没有了存款，欠了一大笔的债务，他卖了别墅、汽车和旧金山的一切。一下子，罗德先生似乎老了十岁，以前那个意气风发的他显得苍老憔悴，嘴边总挂着一丝苦涩。

令人惊讶的是，就在这时，纽卡夫人的病似乎被她自己所遗忘，她吃了一些药后，很快就重新生龙活虎起来，她

在小镇上摆了个摊子，贩卖一些自己做的糕点。也许是因为味道好的缘故，总是会被小镇上的邻居，或者来小镇上办事的人，或者路过这里的人买个精光。这样一闪，二十年过去了，纽卡夫人的糕点成了远近闻名的美食。九十二岁的时候，纽卡夫人因为风寒去世，罗德先生伤心地给母亲办了一个盛大的葬礼。

　　小镇上所有的人都惊呆了，罗德先生的生意已经更上一层楼。旧金山一些政要也出席了纽卡夫人的葬礼，他们都是罗德的朋友。罗德先生今年六十岁，还居住在旧金山。

　　我和他有过一些交往，我问过罗德先生，为什么要伪装得那么落魄地回到小镇上去。他告诉我，因为他觉得母亲只有他自己先有了活下去的信念和配合治疗的想法，母亲才能活下去。

　　"让妈妈坚持活下去的理由，没有什么是比儿子需要她更加有力的了。因为那始终都是世界上所有母亲最为牵挂的事情！"

　　罗德先生为纪念母亲纽卡夫人所开的餐馆，已经开遍了整个美国甚至欧洲。纽卡餐馆的甜点，为很多喜欢美食的人所称道。作为一个注重孝道的中国人，我觉得，罗德先生比我更懂得什么是爱，什么是母亲的需要！

<table>
<tr><td>感恩
传承</td><td>　　母亲需要什么？也许很简单，就是被孩子需要着。作为子女，我们常常把孝顺理解为用自己的能力让父母吃得更好，住得更好。其实母亲需要的也许不是这些，母亲接受孩子为自己提供的更好的生活条件，也许仅仅是因为这是孩子有出息的表现，是他们值得骄傲的地方，究其根源，母亲因为孩子过得更好了，所以她才会心满意足。</td></tr>
</table>

藏在泥巴里的爱 ▶▶▶

当父亲忐忑不安地将带着余温的小手枪放在孩子手中时，孩子收获的不只是玩具，更是一份质朴的爱……

孩子出生在并不富裕的家庭，父母都是普通职工，还有弟弟和妹妹，一个个竹子拔节似的长。

所有的孩子都是喜欢玩具的。那个穷孩子看着别家的孩子手里拿着小木马，扛着冲锋枪，喜气洋洋地玩过家家时，他也想参加。小伙伴理直气壮地说，要玩可以，你当小偷，我当警察。

尽管不情愿，可是，手里没有任何可以吸引大伙的玩具，谁也不把他放在眼里。

孩子哭着回了家，第一次央求爸爸，给我买一个玩具好吗？别的孩子都有的，那种带闪光灯的，扣起扳机还带响的枪，我也要当警察。

爸爸抚摸着孩子的头，没有说话。

孩子的学费还在想办法，看着老二、老三，一个个没有新衣裳，都穿着老大的旧衣，而大孩子却已经知道，给他做的一件新衣裳舍不得穿，收了起来，等弟弟妹妹们长个了，给他们穿新的。孩子的裤腿上有一个显眼的小熊，是巧手的妈妈绣上的，其实那底下是一个磨破的洞。

爸爸实在不忍心拒绝孩子的请求，可是玩具不能当饭吃啊，买一个玩具的钱，够买几斤米，填饱一家人的肚子。

爸爸最后说，这样吧，明天，当你醒来，天使会让你的梦想成真。孩子便高高兴兴地跑出去，对小伙伴们说，你们等着，我也会有枪，我也要当警察。夜里，孩子睡不着，小手一直放在枕头下，想想一睁眼就能梦想成真，孩子兴奋极了。

冬夜，雪还在下，炉子上的炭火现出微弱的光。

爸爸对年轻的妈妈说，咱们来做玩具吧，用泥巴。妈妈认真地点点头。

等着孩子们睡得香甜，爸爸和妈妈悄悄拿着铁锹到河边，挖了一篮子的泥土回家，黑黝黝的泥土掺上水，在手里反复揉捏，刺骨的冷，却渐渐被捂热，捏结实，成了泥团。灯下，他们也像两个大孩子，开始捏起了小泥枪。

明天会干吗？我来用火烤，这样快些。父亲说着低身换上新煤，一阵烟徐徐冒出，"咳"！他们隐忍地捂着嘴，不让咳嗽声惊醒睡梦中的孩子。火钳架在炉子上，一个个捏成形的玩具被细细的炭火烘烤。爸爸看着一桌子灰溜溜的家伙，笑了。还不够，咱们给这些玩具化上妆，上点色，要亮亮的色彩，看上去像真的才好。

手枪是银灰色的，聪明的父亲用了亮晶晶的水粉银涂满了枪身，这可是一把精致的小手枪。

夜深了，爸爸的手上全是泥巴，脸上的水彩还未来得及洗去。鸡叫三遍时，天已破晓。他心里却忐忑不安起来，不知道孩子会不会喜欢。毕竟，比起别的孩子的玩具，这显然是最普通、最不起眼的。

孩子醒来时，手里摸到的，是一把还散着热气的小手枪。旋即，他便明白了一切。这是一支不会发出响声，也不会发出蓝色荧光的枪，可是，它却是一支热乎乎的枪。看着爸爸布满血丝的眼睛，孩子从此以后再也没有向爸爸讨要过玩具。

二十年后，孩子的泥塑作品已经远近闻名，他被人们称为"泥人张"。

感恩传承

在"泥人张"的童年记忆里，父母是用一把充满爱的泥塑小手枪让他开始体会成长的，这种教育，没有严厉的督促、没有无尽的唠叨，却触及心灵，影响一生。

相信在那个冬夜，父母的心中没有更多的希求，他们只想满足孩子一个小小的愿望。为了这个愿望，他们将自己的爱和着泥土，用自己所有的智慧和想象力，为孩子的童年生活增添一个小玩具，也为孩子抹去一丝穷苦生活带来的灰暗。但对于孩子来说，正是父母这种爱的奉献，才让他认识到了什么是爱，什么是感动，什么是生活。

我身上裹着父母的爱 ▶▶▶

那些能够为我们无私奉献一切甚至牺牲自己的人，除了我们的父母，还会有谁呢？

太阳永远照耀着北极，但它不是赤道的太阳，也不是别的地方的太阳，而是灵魂的太阳。

北极，被称为世界的冰窖，是寒冷的代名词。在这里，生活着一种浑身长满绒毛的小巧玲珑的鸟儿——绒鸭，它们的绒毛比天鹅的绒毛还要柔软，它们的爱能感天动地。

这一天，一只活泼可爱的小绒鸭悄悄地降临到了这个世界上，它所不知道的——它要面对的是一片永远也望不到边的冰天雪地。

它的父母为了这个刚刚出生的孩子，不知花费了多少心血。它们首先要做的，就是给这个浑身光秃秃的小绒鸭做一床温柔暖和的新"被褥"。

父亲昨天一大早就出去了，到处寻找着适合做"被褥"的材料。它冒着难以忍受的零下几十度的严寒，找了整整一天。可是在这冰天雪地的北极，除了雪还是雪，除了冰还是冰，上哪儿去找做"被褥"的材料呢？

但是，父亲还是不甘心，它还要四处去找，拼命地去找，到更远的地方去找。因为它深知，如果不给这个刚刚出世的孩子铺上、盖上一床温暖的"被褥"，要不了几天，幼小瘦弱的孩子就会在这极度寒冷的北极，被活活冻死的。

又一天过去了，父亲还是垂头丧气地回来了。眼看着刚出生的幼小的孩子仍然在寒冷中痛苦地挣扎，"不能等，一分钟也不能再等了"，突然，父亲做出了一个大胆、新奇的决定，它开始用嘴一根一根地往下使劲拽着自己身上的绒毛。

"你疯了，你这是在干什么？"孩子的母亲显然极不理解孩子父亲的这一反常行为，瞪大着眼睛吃惊地望着它。

"这不关你的事，你就别问了……"孩子的父亲仍然用嘴一根接着一根地使劲往下撕扯着自己身上的绒毛。

孩子的母亲心疼得看不下去了，急忙上前制止它的这一反常举动："求求你快停下，你不能再这样了！你一个劲儿地拽掉自己身上的绒毛，你会被冻坏的！"

"可……可我不拽自己身上的绒毛，拿什么给咱刚出生的孩子铺一个温暖的窝呢？"父亲终于说出了自己的想法。

孩子的母亲这才明白，在这冰天雪地、寒风刺骨的北极的冬天，是很难寻找到那些温柔暖和的适合做巢的材料的，它是想用自己身上的绒毛，为刚刚出世的孩子铺一个温暖的窝。

孩子的母亲被深深地感动了："既然这样，那还是用我身上的绒毛吧，你还要外出寻找食物呢！"

"不，还是用我身上的绒毛吧。你刚生过孩子，身体虚弱，还需要保暖，不能着凉……"

夫妻俩相互谦让，各自都争着要拽自己身上的绒毛，但谁也争不过谁，谁也劝不住谁。到后来，父亲每拽下自己身上的一根绒毛，母亲也要拽下自己身上的一根绒毛……它们你拽一根，我扯一根，一根一根地比着往下拽。直到后来，它们全身的绒毛都拽光了，只剩下两个血肉之躯……

小绒鸭的父母用这种自残的办法，终于为小绒鸭做了一个温暖如春的窝。父母身上的绒毛成了孩子身上最温暖、也是世界上最温暖的"被褥"，父母博大的爱化作了世界上最珍贵、最难得同时也浸满了最浓最深最大最重爱意的"摇篮"。

小绒鸭甜蜜、幸福地睡在这温暖无比的"摇篮"里，冷酷的严寒也悄悄溜走了，悄悄流下了它很少流下的泪水——那是被爱融化成的春水……

出生在极度寒冷的北极冬天中的小绒鸭是很容易被冻伤冻死的，然而，这一只小绒鸭却没有受到哪怕是很微小的寒冷的袭击。当它长大后，它的好朋友问起这其中的缘由时，小绒鸭想了想，给了朋友一个惊人的、同时也是催人泪下的答案——

"因为我身上裹着的是我的父母！"

——这不是我随便编造出的一个童话，也不是我坐在屋子里

任意杜撰出来的一个虚假故事，而是真真实实地发生在北极冰天雪地里的极其感人的一幕。正如法国作家儒尔·米什莱所说，这里的任何生灵，都因气候和险境的严峻而精神升华了。大自然赋予北极一种精神的美，这是别的地方所缺乏的。

太阳永远照耀着北极，但它不是赤道的太阳，也不是别的地方的太阳，而是灵魂的太阳。

感恩传承

绒鸭一根根扯下自己的羽毛，只为了给自己的孩子建造一个温暖的摇篮。每一个父母都是这样，在孩子即将来临前，就已经准备好给孩子最好的一切。这种信念会伴随着他们自此以后的全部生命，一旦成为父母，就时刻为自己的孩子而活。就像那些绒鸭，即使让自己只剩下血肉之躯，它们也不曾后悔为了孩子付出了自己美丽的外表、自己温暖的屏障、自己引以为傲的尊严甚至自己宝贵的生命。感恩父母的爱，同时在有能力的时候回报父母，让这种爱的延续，变成人间最美的天堂。

少先队活动：感恩教育

【活动主题】学会感恩，拥抱快乐

【活动背景】通过系列主题教育活动，使学生们更深入地了解父母的艰辛和对儿女的一片爱心；了解社会，他人在自己成长的道路上给予的关心和帮助；通过为父母、为社会、为他人所做的一系列事情来激发学生们的责任感，不忘父母之恩，社会之恩、老师之恩、帮扶之恩，知道知恩图报。

【活动目的】1. 拥有一颗感恩的心，我们才懂得去孝顺父母；拥有一颗感恩的心，我们才懂得去尊敬师长；拥有一颗感恩的心，我们才懂得去关心、帮助他人；拥有一颗感恩的心，我们才会勤奋学习，珍爱自己；拥有一颗感恩的心，我们才能学会包容，赢得真爱，赢得友谊；拥有一颗感恩的心，我们才会拥有快乐、拥有辛福，我们才会明白事理，更快地长大，我们才能拥有一个美好的未来。

2. 懂得感恩，才会懂得付出，才会懂得回报。有人说善良的本质就是有一颗感恩的心，对别人的帮助，哪怕是一点、一滴，我们都应当怀着感恩之心。学会感恩，懂得感恩应当成为每个人的美德。

【活动日期】_____年_____月_____日

【活动流程】

1. 感恩行动之一：感恩社会，服务他人。

   (1) 结合暑假生活，开展雏鹰假日小队活动，让同学们从学校的课堂走进社会的大课堂，在社会课堂中学会求知、学会感恩、学会做人。

   (2) 结合"教师节"，学校举行一学期一次的"爱心飞翔"活动。写一句感谢、祝福老师的话，表达对老师的尊敬和感谢之情。

   (3) 每周一，利用升旗仪式作题为《学会感恩，做一个有责任感的好学生》的国旗下讲话。

(4) 拟发给家长的一封信《学会感恩，从我做起》。

2. 感恩行动之二：感谢父母，孝敬父母。

(1) 结合感恩教育，少先队向全体少先队员发出倡议，号召全体同学设计一份感恩活动方案，并付诸实践。

(2) 自己动手，给妈妈准备一件小礼物，送上对妈妈真挚的祝福。

(3) 了解父母的生日和爱好，问问父母有什么心愿，陪父母一起做一件家务。

(4) 以"学会感恩"为主题开展征文和板报评比。

3. 感恩行动之三：学会感恩，收获感动。

(1) 以中队为主体，开展"让我们拥有一颗感恩的心"主题活动。

(2) 各中队出一期感恩教育专题板报，学校将组织进行评比。

(3) 看一部有关感恩的影片。

(4) 音乐课上学唱一首感恩歌曲，如：《感恩的心》《父亲》《母亲》《烛光里的妈妈》《长大后我就成了你》《朋友》《懂你》等。

(5) 美术课上画一幅关于感恩的画——心中最想感恩的人或物。

(6) 利用社会课了解西方的感恩节，并知道我国"母亲节"、"父亲节"的由来。

(7) 语文课围绕"感恩教育"进行课前三分钟演讲。

4. 感恩行动之四：感恩教师，师恩难谢。

(1) "给老师送一个节目"：舞蹈、歌曲均可，教师节那天演出。

(2) 每个学生对所有任课老师说一句谢语，由校园广播台把学生们所说的感激的话语进行编辑整理，在教师节播放。

(3) "为老师做一件实事"：开展"我们来当一天班主任"的体验活动，或为老师做一件小事的服务活动。时间由班级自定。

(4) 开展"我最感恩的一位老师"征文活动。

Thanksgiving juvenile

第二章/没有一种爱的名字叫卑微

感恩亲情，就是感悟人间温暖和希望；感恩老师，就是感恩智慧的薪火相传；感恩朋友，就是感恩这世间相互扶携的力量；感恩这个世界上所有的一切，就是在感激我们自己的生活。我们在生活中收获了太多的感动，当我们用最真挚的双手把它们怀抱时，才发现：自己是世界上最富有的人。怀着感恩的心来品味所有，才是真正在用心生活的人。

没有一种爱的名字叫卑微 ▶▶▶

相貌丑陋的大舅，让我们看到了这世间的亲情，是不求被理解，也不需要用语言来表达的。

从她记事时起，大舅就好像不是这个家的人。记得第一次看见他的时候，他刚被收容所送回了家，和街上的叫花子没有多大的区别。外婆在屋里大声地骂，他蹲在一旁小声地哭，像受伤的小动物。那么冷的天，身上只有一件破破烂烂的单衣。门口围了一群看热闹的邻居，对着他指指点点。

后来她知道，那是她大舅。他小时候生病把脑子给烧坏了，是个傻子。大舅待她特别好，但年纪慢慢大了，她也开始像家里的其他人一样，冷眉冷眼地对待他。

外公去世，财产之争近乎白热化，只有大舅抱着外公的遗像号啕大哭，妈妈一见到外公的遗像就昏了过去。在医院里，她听见医生和爸爸的谈话，知道妈妈得了绝症。家里存折上的存款一天天地减少，妈妈却一天比一天虚弱。她天天陪在妈妈身边，那幢大房子里的亲人，仅仅礼节性地来过一次。只有大舅，常常会在下班后过来，一声不吭地坐在旁边陪着她们。

家里的财产之争还在进行。而他们这里，却等着那笔钱救命。爸爸每天四处求人，希望他们能够快点达成协议，或者先支一部分钱出来给妈妈治病，但得到的都是模棱两可的回答，谁都说做不了这个主。他们像踢皮球一样，将爸爸踢来踢去。最终，协议还是达成了。大舅是傻子，不会计较钱，而她家急需用钱，不可避免地，他们得到了最少的一部分——那是一幢位于城郊的年久失修的房子，因为算准了他们不会再闹。那天，她听见爸爸在和大舅商量，说要将房子卖了换成钱，一家一半。家里的钱已经用得干干净净了，而医院那边却似一个无底洞。大舅傻傻地笑着，含糊地答应道："好！"

可最后大舅不由分说地将自己的那份钱塞到了爸爸怀里，嘴里含糊地说道："先，先治，治病。"爸爸哽咽着接过钱，正准备说些什么，大舅却又转身蹒跚着走了回去。她看见，常年做体力劳动的大舅，身形已经有些佝偻了。

妈妈最终还是离开了。丧礼过后，现实摆在了面前。爸爸要回去工作，她的学校在这里，已经高三了，转学过去影响太大。可是原来的房子给了四舅，早已容不下她了。接连失去老伴与女儿的外婆，也终于失去了她的强悍与精明，整日里默不作声地坐在阳台上晒太阳，漠视着她从小带大的外孙女的无助。

她的心更冷了。

那天，爸爸突然对她说："要不，到你大舅家住一阵。就几个月的时间了。"她呆了一下，想到大舅，丑丑的脸，竟生出些许亲切，于是点头答应了。

那天她下了晚自习，照例到校门口买了一瓶酸奶，老板迟疑了一会儿，告诉她好像总看见一个身影跟着她，让她小心一点。

她当时就吓懵了，站在原地不知该怎么办，在这座城市里，她无依无靠。过了很久，她还是只得咬咬牙往大舅家快步走去。巷道拐角处，隐约看到一个人影。她心狂跳，拼命向前跑去，却一不小心摔在了地上。她恐惧到了极点，只觉有人跑过来抓住她的胳膊，她死劲挣扎、尖叫，突然间，却好像听见有一个熟悉的声音口齿不清地叫着她的小名。她呆住了，安静下来，眼前竟然是大舅那张丑丑的脸，上面还有被她指甲划伤的血痕。

她怔怔地站了起来，大舅结结巴巴地说："巷，巷子黑，我，我，来接你。"她突然明白了，这些天跟在自己身后的那个身影，原来就是大舅，难怪她每次回家都没见到他。"你为什么不在学校门口等我？"她问道。

"人，人，人多。"她心头一震，脑海里回想起多年前的一幕：她上小学，大舅来接她，她嫌他丑，使她在同学面前丢脸，于是跑得远远的。

　　一时间，泪水涌出了眼眶。在这样一个被亲人都视为卑微的身躯里面，满载的却是汹涌澎湃的爱。那一刻，她才意识到，大舅一直都在一个被人忽视的角落里，默默地爱着身边的每个亲人，不管他们曾怎样对待他。他傻，他丑，但这并不是他的错，而是命运的不公平，为此他丧失了被爱的权利，却还这样执着地爱着身边的每一个人。这该是多么宽大和真挚的心灵啊！

　　走在巷道里，大舅还是弯着腰走在后面，没有看到她脸上的泪水密布。她在心中默默念着：大舅，你可知道，在这个世界上，没有一种爱的名字叫卑微。

感恩传承

　　大舅的外貌是丑陋的，但他的内心是真挚而善良的。他不懂得人情世故，却懂得为亲人哭、为亲人笑、为亲人守护。是的，亲人间也有亲疏，不拒绝爱，不吝啬爱，只有用心，你才能得到更多的温暖。懂得感恩，学会理解为我们付出的那些真情，因为在这个世界上灯笼易灭，恩宠难寻。

嫂子，长大后我照顾你 ▶▶▶

父母双亡、哥哥离世，徒留幼小的我在世上。是嫂子，毅然担起了照顾我的重担，哪怕因此献出她的青春！

在我三岁那年，父母亲在一次沉船事故中不幸丧生。哥哥与我相依为命，日子虽然过得艰辛，却因了哥哥的关爱，我度过了快乐的童年。没想到，十二岁那年，一场矿难又夺走了我唯一的亲人，哥哥也撇下了我。那时候，嫂子刚刚嫁到我家。但是因为我，嫂子没有改嫁。

嫂子在一家毛巾厂上班，一个月才一百多块钱，有时厂里效益不好，还用积压的劣质毛巾充作工资。那时我正念初中，每个月至少得用三四十块。嫂子从来不等我开口要钱，总是主动问我："明明，没钱用了吧？"一边说一边把钱往我衣袋里塞，"省着点花，但该花的时候不能省，你正在长身体，多打点饭吃。"

我有一个专用笔记本，上面记载着嫂子每次给我的钱，日期和数目都一清二楚。我想，等我长大挣钱了，一定要好好报答嫂子的养育之恩。

初中毕业，我顺利地考上了县里的重点高中，嫂子得知消息后，做了丰盛的晚餐为我庆贺，"明明，好好读书，给嫂子争口气。"嫂子说得很轻松，可我听得很沉重。

为了筹上学的钱，嫂子回娘家借钱，却遭到奚落。看着嫂子哭得浮肿的眼睛，我说："嫂子，我不念书了，现在文凭也没有那么重要，很多工厂对学历没什么要求……"还没等我把话说完，嫂子一巴掌打了过来，"不读也得读，难道像你哥一样去挖煤呀！"嫂子朝我大声吼道。嫂子一直是个温和的人，那是我第一次见她发火。

那段时间，嫂子总是回来得很晚，回来后还拎着一个大编织袋去街上摆地摊。一天晚上，劳累过度的嫂子晕倒在了厨房里。但是她只住了一天院，脸色仍然苍白她就照常上班，晚上依然拎着那只编织袋去摆地摊。靠嫂子每晚几块几毛地挣，是远远不够支付学费的。嫂子向厂里哀求着预支了三个月的工资，学费还是差一点，她又去血站卖血。

嫂子亲自把我送到学校，办理了入学手续，又到宿舍给我铺床叠被，忙里忙外。她走后，有同学说："你妈对你真好！"我心里涌过一丝酸楚："那不是我妈，是我嫂子。"同学们吁嘘不已，有人窃语："这么老的嫂子？"我狠狠地瞪了那人一眼。

发现她头上竟然有了白发时，我念高二。为了供我上学，嫂子还到纸箱厂联系了糊纸盒的业务，收摊回来或者遇上雨天不能外出摆地摊的时候，她就坐在灯下糊纸盒。糊一个纸盒四分钱，材料是纸箱厂提供的。那次回家，看见她在灯光下一丝不苟地糊着，我说："嫂子，我来帮你糊吧！"嫂子抬起头望了我一眼，额头上的皱纹像冬天的老树皮一样，一褶一褶的。失去光泽的黑发间，赫然有几根银丝参差着，那么醒目，像几把尖刀，锋利地插在我的心上。嫂子笑了笑："不用了，你去温书吧，明年就高三了，加紧冲刺，给我争口气。"我使劲地点头，转过身，眼泪像潮水一样汹涌。嫂子，您才二十六岁啊！

想起嫂子刚嫁给大哥的时候，是那么年轻，光滑的脸上白里透红，一头乌黑的秀发挽起，就像电视里、挂历上的明星。我跑进屋里，趴在桌上任凭自己的眼泪大颗掉落。哭完，我拼命地看书、解题，我告诉自己即使不为自己，也要为嫂子好好读书。

我以全县文科状元的成绩考入了北京一所名牌大学。大三还没念完，我就被中关村的一家IT公司特招了。我将消息电告嫂子时，她激动不已，在电话那头哽咽着："这下好了，这下好了，嫂子也不用为你操心了。你哥也可以安息了。"我突然迸出一句话来："嫂子，等我毕业了，回来娶你！"嫂子听完，在那边"扑哧"笑出了声："明明，你说什么混账话呢！将来好好工作，争取给嫂子讨个北京弟媳。"我倔强地说："不，我要娶你。"嫂子挂断了电话。

终于毕业了，我拿着公司预付的薪水兴高采烈地回到家里时，发现嫂子嫁给一个四十多岁的男人。那天晚上，我没有吃饭。躺在床上一遍遍地在心里问："嫂子，为什么，为什么不给我照顾你的机会？"

后来，因为工作繁忙，我不能时常回家，只将每个月的工资大半寄给嫂子，可每次嫂子都如数退回。她说："明明，嫂子老都老了，又不花费什么，倒是你，该攒点钱成家立业才对。"还时不时给我寄来家乡的土特产，说："明明，好好工作，早些成家立业，等嫂子老了的时候，就到你那里去住些日子，也去看看首都北京，到时可别不认得老嫂子啊！"

我的眼泪就像洪水一样泛滥开来，我的亲嫂子，弟弟怎么可能忘记您？

弟弟，天堂里可否有大学 ▶▶▶

当弟弟撕碎录取通知书的那个瞬间，他就已经决定，牺牲自己的未来，为姐姐换取美好的明天。

那是1994年的夏天，家里同时收到了两份大学录取通知书。全村都炸开了锅，我们一家人更是高兴得手舞足蹈。可是没兴奋多久，母亲便犯愁了。两个孩子近万元的学费，对于我家来说，无疑是个天文数字。

那天，弟弟很早就起了床，他站在堂屋里说："娘，让姐姐去吧。她上了大学，将来才可以嫁个好人家。"声音不大，却足以让屋里的每个人听得流泪。

我和母亲起床后，在桌上发现了一堆碎纸——是弟弟的录取通知书，已经被撕得粉碎，他帮全家人做了一个最后的决定。

送我上火车的时候，母亲和我都哭了，只有弟弟笑呵呵地说："姐，你一定要好好读书啊！"听他的话，好像他倒比我大几岁似的。

　　1995年，一场罕见的蝗灾席卷了故乡，粮食颗粒无收。弟弟写信给我，说要到南方去打工。

　　弟弟跟着别人去了广州。刚开始，工作不好找，他就去码头做苦力，帮人扛麻袋和箱包。后来在一家打火机厂找了份工作，因为是计件工资，按劳取酬，弟弟每天都要工作十几个小时甚至更长。

　　每个月，弟弟都会准时寄钱到学校，给我做生活费。后来干脆让我办了张牡丹卡，他直接把钱存到卡上去。每次从卡里提钱出来的时候，我都会感觉到一种温暖，也对当初自己的自私心存愧疚和自责。

　　弟弟后来又去了一家机床厂，说那边工资高一点。我忍不住提醒他："听说机床厂很容易出事的，你千万要小心一些。等我念完大学参加工作了，你就去报考成人高考，然后我可以挣钱供你读书。"

　　大学终于顺利毕业了，我很快就在城里找了份舒适的工作。弟弟打来长途电话祝贺我，并叮嘱我要好好工作。我让弟弟辞职回家复习功课，准备参加今年的成人高考，弟弟却说我刚参加工作收入肯定不多，他想再干半年，多挣一些钱再回去。我要求弟弟立即辞职，但弟弟坚持自己的意见，最后我不得不妥协。

我做梦都没想到，我的这次妥协要了弟弟的命。

弟弟出事时，我正在办公室整理文件。当我和母亲踉踉跄跄地闯进医院时，负责照顾弟弟的工友告诉我们，弟弟已经抢救无效，离开人世了，母亲听后当时就晕倒在地上。

清理弟弟的遗物时，在抽屉里发现了两份人身意外伤亡保险，受益人分别是母亲和我。母亲拿着保险单呼天抢地地喊：
"兵娃啊，娘不要你的钱，娘要这么多钱干啥啊！娘要你回来！你回来啊……"

还有一封已经贴好邮票的信，是写给我的：姐，就快要过春节了，已经三年没有回家，真的很想念你们。现在，你终于毕业参加工作了，我也可以"解甲归田"了……

弟弟走了很久，我和母亲都无法从悲痛中走出来。不知道天堂有没有成人高考，但是每年，我都会给弟弟烧一些高考资料去，我想让他在天堂里上大学。

<table>
<tr><td>感恩传承</td><td>　　当机会同时摆在姐弟面前时，无私的弟弟放弃了他一生中可能是唯一一个可以改变命运的机会。他把灿烂的未来让给了姐姐，将苦难的现在留给了自己。这就是血浓于水的手足之情。
　　作为家中的"独苗"，我们享受父母全部的爱，是父母唯一的宝贝，身边可能没有兄弟姐妹，但我们一样有表兄妹、堂兄妹。在这些同辈的亲人中，我们也可以感受到付出、友爱、宽容和奉献，一样可以感恩和回报。</td></tr>
</table>

谁弄丢了我的考卷 ▶▶▶

不翼而飞的考卷，却换来了李晓鹏学习上的斗志。原来，这一切，都是老师在做"幕后推手"……

李晓鹏是名初三的学生。这天，他参加完班里的数学竞赛，走出考场，很是懊恼，这次考试他又考砸了。李晓鹏的爸爸不久前在一次事故中去世了，突如其来的打击，让李晓鹏产生了辍学打工的念头。妈妈怎么劝，他也不听，还是新来的班主任彭老师一次次的家访，苦口婆心让李晓鹏回到了学校。没想到当头就挨了这一棒，李晓鹏真想找个地方痛痛快快地哭一场，把心里积压多日的苦闷一股脑地发泄出来。他觉得自己真的不是读书的料，又有了回家的念头。

到了晚自习，彭老师抱着考卷来了。彭老师看上去病恹恹的，教学却是一把好手，和往常一样，他从高分到低分依次向下发："王岚，100分；张大江，99分……"90分以上的念完了，没有念到李晓鹏的名字；80分以上的念完了，还是没有李晓鹏的名字；只剩最后一张考卷了，李晓鹏觉得自己的脸烫了起来，他低下头，像等待法官判决一样，等着彭老师叫自己的名字。可是，那一张竟然不是李晓鹏的！

彭老师发完考卷，扫视了一圈教室，然后说："竞赛成绩不好没关系，可是居然有人没交卷，请那位没有拿到考卷的同学站起来，解释一下原因吧！"李晓鹏站起来，结结巴巴地说："我……我……交卷了！"彭老师咳嗽了两声，把目光转向了数学课代表，问："考卷是你收的吧？"课代表红着脸说："考卷是大家自己交到讲台上的，只要交了卷都应该在，会不会是他自己……""我交了的，肯定是她收考卷时不小心给弄丢了！"这时候同学们七嘴八舌地说开了，李晓鹏急了，不服气地争辩道：

"谁说我没交卷？我绝对交了！"

彭老师看着大家，捂着胸口摆摆手，说："这样吧，我有个提议：咱们给李晓鹏一次机会，让他当着大伙的面重做，真英雄假英雄一下子不就检验出来了？""就凭他，再做十次也是狗熊！"同学们叽叽喳喳议论了一阵，同意了彭老师的意见。李晓鹏生气归生气，还是背对着全班同学，在最前排做起考卷来。为了在同学面前争回一口气，这一次他仔细审题，尽量避免因马虎失分。

第二天数学课上，彭老师兴冲冲地走进教室，说："昨天晚上的竞赛卷，李晓鹏得了98分，如果按标准评奖，他该评为二等奖，大家说说这奖怎么评？"哇，这不会是在做梦吧？李晓鹏脑袋晕乎乎的，他简直不相信自己的耳朵。下面早就炸开了锅，有的说他是瞎猫碰上死耗子，有的说要公平竞争，当场没交卷不能参加评奖……最后，彭老师给李晓鹏评了一个特别优秀奖，不占大家评奖的名额。

下了课，彭老师把李晓鹏叫到办公室，说："老虎不发威，别人还以为你是病猫呢！昨天晚上你憋了一股气，潜能就发挥出来了。那张考卷我留下做样卷，先不还给你了，你没意见吧？是当病猫还是当老虎，就看你自己了！"说着，彭老师轻轻拍了拍李晓鹏的肩膀。李晓鹏心里热乎乎的：看来，只要发发狠，我也可以发挥潜能，我也能够获奖！

李晓鹏放弃了辍学的念头，凭着这一股狠劲，学期结束时，他上升到全班前十名；初三毕业，他顺利考上了县里的重点高中。可是，彭老师却积劳成疾，在把李晓鹏他们送上高中后的第二个暑假，去世了。得知这个噩耗，李晓鹏和几个同学一起去彭老师家帮忙。李晓鹏在清理彭老师遗物的时候，意外发现了两张过去的试卷，上面的字迹很熟悉：天哪，这不是自己丢失的那张竞赛卷吗？一张是他第一次做的，只批改了一半，大部分是红叉叉，上面没有成绩；另一张是他那天晚上在晚自习时做的，改完了，可是上面的成绩却让李晓鹏大吃一惊——只有78分！

这一瞬间，李晓鹏什么都明白了，为什么彭老师没有把这两张考卷还给他，他只觉得泪水模糊了双眼……

感恩传承

78分和98分，不仅仅是20分的差距，更是一个孩子走下去的自信和勇气。两份考卷是李晓鹏走出阴霾的绊脚石，彭老师选择让考卷"不翼而飞"，帮助自己的学生清除了绊脚石。他用自己的方式诠释了师者真正的内涵，不只是传道授业解惑，更是引领和帮扶。

生活中，有的老师严厉，有的老师和蔼；有的学富五车，有的孜孜不倦。无论是怎样的一位老师，他们都真诚地、竭尽全力地引领我们走向更加广阔的明天。

他还没有忏悔 ▶▶▶

在纯净如天使、博爱如上帝的教师的心中，那颗没有忏悔的心灵，是舍不下的惦念。

有一位慈爱可敬的中学教师，在那个特别的岁月里，却受人诬陷，被造反派们屡次批斗。

造反小将说他有反革命言论，并在授课的时候大肆传播，说他是一个隐藏的反革命分子。他们用尽各种办法折磨他，摧残他，让他交代自己的罪恶行径和思想。可是，他只是一名普通的教师，他没有什么可交代的。他也知道他为什么会被批斗，可能是上课的时候，不小心说错了话。可到底是哪句话说错了，他实在记不起来了。

他也知道告发他的是他的学生，而且也知道是哪几位学生。

最终，因为他"认罪"态度不端正，以反革命罪被判入狱二十年，到内蒙古大草原服刑。在内蒙古，他度过了极其黑暗的二十年。生在江南，长在江南的他，完全放弃了自己的生活习惯，学会了生吃辣椒，习惯了牛羊肉的膻味，当年风华正茂，平反回来时已是白发苍苍，满面风霜。

回到家乡后，那间老屋已经倒塌，妻子也已改嫁远方，唯一的女儿和一个屠夫结了婚，生了一大堆儿女。面对老父归来，女儿只是关心他的补偿金有多少。当年那个扎着羊角辫和他说长大后要当作家的天真纯洁的女孩子，变成了一个被岁月和生活重压下满口粗话的俗人。

他留下了一大笔钱给女儿，让她改善自己的生活。然后在城郊的一个村落里买了一间民房，安度晚年。平日里，老人按照记忆写了一些文字，陆续发表在报纸上。有一家出版社看中了他的题材，为他出了一本书，结果这本书大受欢迎，他成了名人，电视台也做过他的访谈节目。

有一天，老人收到了一封信。信是当年的一位学生写来的，他在信中向老人表示忏悔，说当年他是告发者之一。老人回信说："你不要难过，其实我当年就知道谁是告发者，我早已原谅你们了，因为你们还是孩子。"在三年内，老人陆续收到四位学生的忏悔信，他都一一回信，希望他们不要再记着过去的事了。

后来，老人病了，很严重，医生终于无力回天，交代家人准备后事。弥留之际，老人对身边的一位旧时挚友说："我还有一件未了的心愿。"老友凑到他的嘴边，他艰难地说："当年，告发我的共五位学生，其中四位已经知错忏悔了，还有一位学生叫柳某某，他一直没和我联系。我一直为他感到不安，其他四位学

生已经摘掉了多年的心病，他不应该再背负着当年的痛苦……"
老人接着说："我知道柳某某的住址，我拜托你转告他，我早已
原谅他了。"老友泪光闪闪，无语凝噎，在场的医生、护士也无
不感动。

　　老人死后，原学校为他设了灵堂。出殡前，有一位中年男人
在老人灵前长跪不起，号啕大哭。众人发现，他是一位企业家，
在市里炙手可热，叫柳某某，他说自己是老人的学生。

感恩传承　　在老教师的心中，重要的不是学生们的忏悔，而是学生们是否放下了心病。在老教师的心中，学生们的坦然，就是他最大的慰藉。很多时候，老师只是平凡人，他们同样需要理解和爱，但大多数时候，他们是不平凡的人，他们可以放弃一切，只求学生过得更好、更幸福。懂得感激师恩，也是我们做人的根本之道。

不识字的老师 ▶▶▶

这只是"我"在打工期间结识的一个陌生老人，可正是他让"我"懂得了人生最重要的道理。

那个年代的留美学生，暑假打工是唯一能够延续求学的方法。

仗着身强体壮，这年我找了份高薪的伐木工作，在科罗拉多州。工头替我安排了一个伙伴——一个硕壮的老黑人，大概有六十多岁了，大伙儿叫他"路瑟"。他从不叫我的名字，整个夏天在他那厚唇间，我的名字成了"我的孩子"。

一开始我有些怕他，在无奈下接近了他，却发现在那黝黑的皮肤下，有着一颗温柔而包容的心。在那个夏日结束时，他成为我一生中难忘的长者，带领着我年轻无知的灵魂，看清了这个真正的世界。

有一天一早，我的额头被卡车顶杆撞了个大包，中午时，

大拇指又被工具砸伤了，然而在午后的烈日下，仍要挥汗砍伐树枝。他走近我身边，我摇头抱怨："真是倒霉又痛苦的一天。"他温柔地指了指太阳："别怕，孩子。再痛苦的一天，那玩意儿总有下山的一刻。在回忆里，是不会有倒霉与痛苦的。"我俩在寒暄中，又开始挥汗工作，不久后，太阳依约下山了。

一次，两个工人不知为什么争吵起来，眼看卷起袖子就要挥拳了，他走过去，在每人耳边喃喃地轻声说了句话，两个人便分开了，不久便握了手。我问他施了什么"咒语"，他说："我只是告诉他俩：'你们正好都站在地狱的边缘，快退后一步。'"

午餐时，他总爱夹条长长的面包走过来，叫我掰一段。有一次我不好意思地向他道谢，他耸耸肩笑道："他们把面包做成长长的一条，我想应该是方便与人分享，才会好吃吧。"从此我常在午餐中，掰一段他长长的面包，填饱了肚子，也温暖了心坎。

伐木工人没事时总爱满嘴粗话，刻薄地叫骂着同事以此取乐，然而他说话总是柔顺而温和。我问他为什么，他说："如果人们能学会把白天说的话，夜深人静时再咀嚼一遍，那么他们一定会选些柔软而温暖的话说。"这习惯到今天我仍承袭着。

有一天他拿了一份文件，叫我替他读一读，他咧着嘴对我笑了笑："我不识字。" 我仔细地替他读完文件，顺口问他，不识字的他怎么能懂那么多深奥的道理。那黝黑粗壮的老人仰望着天空说道："孩子，上帝知道不是每个人都能识字，除了《圣经》，他也把真理写在天地之中，你能呼吸，就能读它。"

现在，路瑟也许不在了。然而，我不记得世上曾经有多少伟人，却永远忘不了路瑟。

感恩传承　老伐木工路瑟用自己的言行，教会了"我"退让、分享、善言，更教会了"我"人与人相处要用心，要充满爱。虽然他不识字，但他就是上帝安排在人间的指路人。感恩陌生人对我们的帮助，就如同感激天地万物，日月星辰一样。

朋友是结伴而行的鱼 ▶▶▶

每一条鱼都自由自在地游着，它们也许不会帮伙伴去寻找食物，但是不管游到哪里，它们总会在伙伴身边，结伴而行。

我和张君是高中同学。大学毕业后，他分到银行，而我则进了检察院，我们是很要好的朋友。

要好的朋友是不在乎谁付出多少的。那时候，我们相互帮助，相互鼓励，在一个陌生的城市里快乐地生活着。后来，我们都结婚了，更巧的是，我们的爱人都是白衣天使。他打趣说，我们的心是相连的，不成朋友都难。要不是他一时的冲动，我相信我们一定会情同手足，直到老去。

他为了买一套上等的房子，挪用公款8万元……反贪局调查他的时候，他说的第一句就是，我的朋友在检察院。这个朋友就是我，可我无能为力。法律对于任何人都是无情的，哪怕是最亲近的朋友。

他的爱人多次找到我。看她那痛哭流涕的样子，我很伤心，毕竟他们结婚还不到三年，而且刚有了个小男孩。我只好反复做她的思想工作。最后她说，这是我们第一次求你，你给个明白话吧。我坚决地说，这事我帮不上忙。她擦干眼泪，冷冷地说，朋友有什么用！那语调里满是对"朋友"这字眼的绝望。那以后，她再也没来过我们家。我偶尔去监狱看他，他也拒绝了我的探视。他只是传话说，朋友有什么用？

　　我希望通过时间来填补法律的无情。每年的节日，我都会和爱人去探监，也去看望他的爱人，尽管要遭受冷落。终于有一天，他无奈地说："算了，朋友本来就没有什么用的。"其实，我从骨子里了解他，在他的内心深处是不愿失去我这个朋友的，正像我不愿意失去他一样。

　　他出狱的那天，我和爱人都去接他。我说："来我家吧。"他没有拒绝，也没有答应，随我上了回家的出租车。那天，他喝得大醉。他问我："朋友有什么用呢？"我笑着说："没有什么用，朋友本来就是没用的。"他说："我不怨你。"我笑了，笑

里面掺杂着泪水。

　　不久，他和他的爱人去了另一个陌生的城市。我们偶尔有书信往来，他说，他和爱人都找到了一份还算可以的工作，孩子上了一所不错的小学，让我们不必牵挂。从那以后，我们彼此为了各自的工作不停地忙碌着，但那份情感是无法忘却的，有时候反而更浓厚。

　　前年，我生日那天，他寄来一封信，祝我生日快乐。信中夹着一朵风干了的牵牛花。他在信中说，你还记得吗？在校外的田野里，我们常常去摘牵牛花的，它象征平淡无奇的感情，早上花会开，不过很快就凋谢了，而我们的友情虽然平淡可是无法凋谢。我和妻子在烛光中读着这封信，泪流满面。

　　去年的国庆节，我们相约去爬泰山。在一个偌大的水库前驻足。那清澈的水里，一条条自由自在的鱼结伴而游。我们相视一笑，我们多像那一条条游着的鱼，只要能够结伴就行了，这也许就是朋友的要义了。

她是我最好的朋友 ▶▶▶

在以为要抽光血才能救自己的朋友时，小男孩虽然恐惧死亡，但他还是慢慢地伸出了自己的胳膊……

那是发生在越南的一个孤儿院里的故事。由于飞机的狂轰滥炸，一颗炸弹被扔进了这个孤儿院，几个孩子和一位工作人员被炸死了。还有几个孩子受了伤。其中有一个小女孩流了许多血，伤得很重！

幸运的是，不久后一个医疗小组来到了这里，医生给在场的所有的人验了血，终于发现有几个孩子的血型和这个小女孩是一样的。于是，女医生尽量用自己会的越南语加上一大堆的手势告诉那几个孩子："你们的朋友伤得很重，她需要血，需要你们给她输血！"孩子们点了点头，好像听懂了，他们的眼里却藏着一丝恐惧！

孩子们没有吭声，也没有举手表示自己愿意献血！女医生没有料到会是这样的结局！一下子愣住了，为什么他们不肯献血来救自己的朋友呢？难道刚才对他们说的话他们没有听懂吗？忽然，一只小手慢慢地举了起来，但是刚刚举到一半却又放下了，好一会儿又重新举了起来，再也没有放下！

医生很高兴，马上把那个小男孩带到临时的手术室，让他躺在床上。小男孩僵直着躺在床上，看着针管慢慢地插入自己细小的胳膊，看着自己的血液一点点地被抽走！眼泪不知不觉地就顺着脸颊流了下来。医生紧张地问是不是针管弄疼了他，他摇了摇头。但是眼泪还是没有止住。医生开始有一点慌了，因为她总觉得有什么地方肯定弄错了，但是到底错在哪里呢？针管是不可能弄伤这个孩子的呀！

这时候，一个越南籍的护士赶到了这个孤儿院。女医生把

情况告诉了越南护士。越南护士忙低下身子，和床上的孩子交谈了一下，不久后，孩子竟然破涕为笑。原来，那些孩子都误解了女医生的话，以为她要抽光一个人的血去救那个小女孩。一想到不久以后就要死了，所以小男孩才哭了出来！医生终于明白为什么刚才没有人自愿出来献血了！但是她又有一件事不明白，"既然以为献过血之后就要死了，为什么他还自愿出来献血给小女孩呢？"医生问越南护士。

于是越南护士用越南语问了一下小男孩，小男孩回答得很快，几乎是不假思索就回答了。那个回答很简单，只有几个字，却感动了在场所有的人。他说："因为她是我最好的朋友！"

感恩传承

　　人生的路上会面临很多抉择，小男孩用自己的全部勇气选择用生命守护友情。其实，所谓朋友，就是在对方需要的时候，毫不犹豫地给予帮助。有一句话说得很好，朋友是我们自己选择的家人。学会感激来自朋友的帮助和关怀，不仅要感激那些锦上添花的热闹，更应该感恩雪中送炭的温暖。

陌生的爱 ▶▶▶

一位陌生老人的掌声，给了她继续拉琴的动力和信心。

微风中，柳枝随风摇曳。柳树下，一条静静的小河伸向远方。不知从什么时候起，每当夕阳西下，她总爱坐在这条静静的小河边，坐在那棵垂柳旁，默默地注视着小河流向远方；也不知从何时起，妈妈每天都逼着她练小提琴，说是要她替自己未能完成的愿望。

她爱音乐，更爱小提琴，可她不喜欢被妈妈无休止地盯着。她好想反抗，可她是父母眼中的乖孩子，她必须言听计从，每天除了练琴还是练琴。到了考试的那一天，她竟心乱如麻，什么都不记得了，考试的结果可想而知。妈妈大动肝火，大骂她不争气，甚至还叫她滚出家门，不要再回来。

一气之下，她抄起小提琴走出了家门，不知不觉地又来到小河边，来到垂柳旁。她默默注视着小河，静静地望着东去的流水，妈妈那怒不可遏的面孔时而在她脑海中闪现，她不明白自己为什么那么无能。她情不自禁地拉起了那首曲子，依旧是在考场上拉的那首曲子——《蓝色多瑙河》，那么全神贯注，仿佛将所有的情感都倾注于双手。一曲终了，泪便无声无息地滑落下来。

忽然，她听见有人鼓掌，循声望去，只见柳树旁不知什么时候来了一位两鬓斑白、面容和蔼的老人。她有点惊诧，因为已经很久没人给她掌声、给她鼓励了。她张了张嘴想说句感谢的话，可最终什么也没说出来。正在这时，老人笑容可掬地递过一张纸条，便又笑着走远了。她愣了愣，双手颤颤地打开纸条，一行苍劲有力的字赫然入目："孩子，我听你的琴声很久了。你拉得不错，继续努力吧！"

爱，有许多种。人类的血缘之爱是上天赋予的。陌路人的爱没有血缘的关系，却体现了人对同类的关心，和人类这一个大家族的亲密和温暖。这是一种博爱，一种比血缘关系更深刻的情感。

感恩传承

　　在她最消沉的时候，来自一位陌生老人的鼓励一定让她感受到了充满感激的，极具动力的力量。

　　在人生低谷时，能够获得一份意外的肯定，是一种幸运，更是一种幸福。感恩身边每一个帮助过我们的陌生人，也许他们就是那个在角落里关注我们成长的人。

再见堂前燕 ▶▶▶

燕子用实际行动教会我们的东西，往往会更深刻。

离开老家已有十几年，但是我依旧忘不了老家房檐下的那群燕子。

那时我年纪还很小，老家的大院就是我的一方天地。

不知从哪一天开始，大院的房檐角忽然有了几声细微的鸟叫声。我抬头看，却看到了从前没有的鸟巢出现在了房檐下。两只燕子正在巢中"叽叽喳喳"地叫着。

"奶奶，快来看啊，小燕子飞到咱们家啦！"我站在院子里向里屋大声喊。过了一会儿，奶奶走了出来，看着檐下的燕子笑了。她用手抚摸着我的脑袋，慈祥地对我说："这下子，咱们家可要热闹啦。"

起初我并不懂奶奶所说的"热闹"是什么意思，但是很快我就明白了。

　　学龄前的孩子喜欢睡懒觉，我也是，不到日头高照我是绝对不会起床的。但是自从燕子成了我的"邻居"后，我的习惯就改变了。因为大清早天刚蒙蒙亮，燕子就起床了，它们在我家房檐下欢快地"叽叽喳喳"叫个不停，像是在唱歌。这时候奶奶就会慈爱地把我叫醒："宝宝啊，小燕子都起床啦，你怎么能输给它们呢？"小孩子的倔脾气上来了，我一轱辘从被窝里钻了出来，迅速穿好衣服，在院子里背起了奶奶教我的唐诗。"离离原上草，一岁一枯荣。野火烧不尽，春风吹又生。"我把嗓门扯得大大的，生怕被燕子比了下去。

　　春天快要结束的时候，一天清晨，我忽然听到鸟巢里传来不同于往日的微弱的鸣叫声。我喊出奶奶，让她帮我看看究竟发生了什么事。奶奶仔细瞧了瞧，然后对我说："哈哈，是小燕子出生啦。"果然，以后的日子里，我总能看到燕子妈妈守在巢里，燕子爸爸外出捉来虫子喂小燕子，一家人看上去真幸福啊。看着这种情景，奶奶就很有感触地告诉我："你的爸爸妈妈也是这么把你养大的，所以你以后一定要孝顺他们啊。"那时候的我还不懂"孝顺"究竟是什么意思，但我还是认真地点了点头。

秋天到来的时候，燕子一家要离开了，奶奶说它们要去南方过冬。我很不舍，燕子似乎明白我的不舍，那几天总是围在我身边飞，像是在安慰我。终于，在一个清冷的早晨，我起床后走到院子里，没有听到它们那熟悉的"喳喳"声。我知道，它们一定是飞走了。

再后来，大伯教会我一首新诗，"朱雀桥边野草花，乌衣巷口夕阳斜。旧时王谢堂前燕，飞入寻常百姓家。"当我一个人站在院子里大声地背诵这首诗时，不自觉地想到了已经飞去南方的燕子，它们还会回来吗？

第二年春暖花开的一个早上，我刚睁开眼，就听到一阵熟悉的"喳喳"声。燕子回来了！我立刻穿好衣服跑到院子里。果然是它们！檐下的燕子看到我，扑棱着翅膀飞下巢，围着我飞着，似乎在跟我问好。从前的幼燕也已经长大了。

看着它们幸福地生活着，奶奶总是感慨地说："燕子可真幸福啊。"我歪着脑袋，问道："比我们还要幸福吗？"奶奶笑了，她摸着我的脑袋，说道："我们和燕子一家一样幸福。"

幸福究竟是什么呢？年幼的我尚未领悟，我只知道在奶奶身边就很幸福。后来因为搬迁，我们离开了老屋，从那以后，我再也没见过那几只燕子。

长大后，我时常想起老屋房檐下的燕子。每当想起它们，心中油然升起的是感激之情。感谢它们让我学着早起，感谢它们让我知道父母对我的爱，感谢它们让我体会到奶奶对我的关心。什么时候我还能再见一次那些堂前燕呢？什么时候我能对它们说一声"谢谢"呢？

感恩传承

在一个人童年的记忆里，他所在的环境就是他对这个世界最初的轮廓。而他对生活的认知和感悟也会伴随他的整个人生。早起的燕子教会"我"不再赖床，燕子哺育幼燕让"我"学会了要回报父母的爱，燕子也教会了"我"要感恩奶奶对我的付出。谢谢堂前燕，让"我"学会了感恩，学会了做人。

少先队活动：学会感恩

【活动主题】懂得感恩，学会感恩

【活动背景】如今的学生，几乎都是独生子女，都是在父母亲百般呵护、悉心照料下成长。我们接受了太多的爱，这些爱来自父母、老师乃至社会。渐渐地我们把一切都视为理所当然。不懂得为父母做些什么，不懂得感谢老师的谆谆教导，甚至在得到别人的帮助后不会说一声"谢谢"。所以，这个社会需要感恩。而对学生的感恩教育更是不能忽视。

【活动目的】通过这次活动，希望队员们能了解感恩的重要性和必要性，增强感恩意识，激发感恩之情，同时付诸行动。

【活动日期】＿＿＿＿年＿＿＿＿月＿＿＿＿日

【活动流程】

1. 活动准备

　(1) 收集有关感恩的资料。

　(2) 阅读有关感恩的故事。

　(3) 全体队员积极准备活动。

2. 活动过程

　主持人："学会感恩"主题中队活动现在开始。

(1) 全体起立，出旗，敬礼。

(2) 唱队歌。

(3) 全体坐下。

3. 主持人：同学们，你们读过这首诗吗？

"慈母手中线，游子身上衣。临行密密缝，意恐迟迟归。谁言寸草心，报得三春晖。"

知道这是首什么诗吗？知道它的意思吗？通过我们今天的主题中队活动，你就会知道它的内涵啦！下面请欣赏我们的节目！

4. 节目表演

(1) 诗歌朗诵：《母亲》

母亲，母亲像冬天的太阳一样，在我遇到挫折时，她会鼓励我、安慰我，温暖我的心。

母亲，母亲像黑夜里的一盏明灯，在我迷失方向时，她会指引我、照亮我，带我走向光明。

母亲，母亲像秋夜中的明月，在我孤独、无助时，她会陪伴我、支持我，让我充满信心。

母亲，她一天到晚为了我而忙碌，不辞辛劳，无怨无悔，所以，我要说，谢谢您，妈妈！我爱您！

(2) 游戏：体验母亲十月怀胎的艰辛

让每个学生在腹部绑上一个特制沙袋，沙袋就象征着肚子里的宝宝。然后走下楼梯，拿书再走上楼梯，过独木桥。最后再把书放在书架上坐回原位，从而让学生们通过游戏感悟母亲十月怀胎的艰辛和痛苦。

(3) 话题讨论：由游戏延伸出：为什么要感谢父母？

(4) 女生独唱：《烛光里的妈妈》

(5) 折千纸鹤：发给每一个同学一张纸，让同学们在纸上写上最想对父母说的话，最后折成千纸鹤。

(6) 集体合唱：《感恩的心》

5. 回顾主题

主持人：同学们，知道一开始我读的那首诗是什么了吗？对啦，就是《游子吟》。而这首诗又有什么含义呢？是的，就是告诉我们要知道感恩，懂得感恩，学会感恩。

6. 结束语：

学会感恩，就是要从我做起，从小事做起，亲身感受父母的艰辛、父母的爱。心灵深处受到感动，懂得理解、宽容、体贴、关爱，懂得孝敬父母是为人之本，懂得感恩是快乐生活之源，让每个人的心中充满爱心，使学习更有动力、生活更有意义。

7. 主持人：退旗！活动到此结束！谢谢大家！

小测试：你是否常怀感恩之心

1. 经常主动为父母承担家务劳动。

2. 同学学习有困难，我会热情关心他们。

3. 我感到自己很幸福。

4. 如果爸妈不开心，我会想方设法说一个笑话来调节家庭的气氛。

5. 我对自己将来的前途充满信心。

6. 我的小伙伴很多，相互之间都很关心对方。

7. 每年教师节，我都会给我的老师送一张"尊师卡"。

8. 我从不浪费一粒粮食，也不挑食。

9. 在生活上，我不与同学攀比，也不追求名牌。

10. 不管校内校外，我都非常爱护绿化，不采摘花木。

【测试结果】

答是或否：是：1分　否：0分　有时候是：0.5分

5分以下：你的家庭亮起了"红灯"。在你的家庭，在你的身上缺少"感恩之心"。

5-7分：你的家庭亮起了黄灯。你也许在物质上什么也不缺，但缺少家人关怀，也缺少感恩之心。

7-9分：你的家庭亮起了绿灯，你是一位懂得感恩的人，为了家庭的幸福，你还要继续努力。

9分以上：恭喜你，你正在享受幸福的家庭生活。

Thanksgiving juvenile

第三章 / 猫的报恩

在大自然中，人与动物应该是最为亲近的伙伴，甚至可以说是亲人。那些鲜活的生命，就在我们身边，与我们一同呼吸。很多动物都有着感恩之心和孝心，无论是凶猛的走兽，还是善良的飞禽。在偌大的自然界中，面对残酷的弱肉强食，有了关爱和感恩，才有它们抵御外敌的信心和斗志。或许感恩只是动物的一种简单习性，却成就了它们世代的生生不息。

忠犬阿特 ▶▶▶

动物也有感情，阿特温暖的陪伴、忠诚的守候是否让你动容？

他每天早上八点准时下楼，然后去菜市场买菜。他家离菜市场很近，但是他要走很久，因为他是个盲人。

他今年已经六十多岁了，盲了一辈子，却在晚年的时候有了专属的"眼睛"——一只名叫"阿特"的拉布拉多导盲犬。

九点半左右，他会拎着菜在阿特的带领下回到家，然后在院子里和阿特玩一会儿。他会随手把飞盘扔出去，然后等待阿特把飞盘接住叼回来放在他的手心里。他在脑海里想象着阿特欢快地接住飞盘然后向他飞奔而来的样子，那一定是让人觉得无比开心的画面。

十点半左右，保姆来了，为他做了午饭就会离开。

他有睡午觉的习惯。在他睡午觉的时候，阿特会蜷在床脚，陪他一起睡一个美美的午觉。

下午三点，他会准时醒来，而阿特总是在他醒来前醒来，为他叼来鞋子。他会穿好鞋拿着盲文书带着阿特去街角的咖啡店喝一杯下午茶。那位可爱的店主小姑娘很喜欢阿特，总是为阿特准备好吃的骨头。他用指尖读着书，耳边听着阿特啃骨头的声音，心里不知道有多开心。

下午五点半的时候，店主小姑娘边说着"葛城先生慢走，阿特我明天也会为你准备好吃的骨头"，边挥手和他们告别。

六点到家，他摸索着把中午的剩饭放在微波炉里热一下。吃过饭，听一会儿广播，他就该睡觉了。但他在睡前总是要和阿特讲一会儿话，讲从前的那些事情，讲自己早逝的老伴，讲不在身边的孩子们。阿特总是乖乖地听着，偶尔从嗓子里发出一两声"呜呜"的声音，仿佛在安慰他一样。

后来，因为一场久治不愈的大病，他离开了人世，房子里只剩下了阿特。

如果你早上八点在路上看到一只拉布拉多犬独自慢吞吞地向菜市场走去；或者早上九点半的时候在葛城先生家的院子里看到一只大狗独自叼着飞盘乱跑；或者下午三点多在街角的咖啡店看到一只大狗卧在那里静静地看着曾经葛城先生最喜欢坐的座位，那它一定是阿特。

有人在路上见到阿特，会惊喜地喊道："看，那是只导盲犬！"紧接着又会疑惑地说，"它为什么走得那么慢，是在为谁导盲吗？"

忠犬阿特究竟在为谁导盲呢？谁都不知道，但是听说葛城先生在弥留之际一直在说："阿特，谢谢。"

感恩传承

　　导盲犬阿特是主人葛城先生的"眼睛"，也是他最忠诚的伙伴。阿特每天早晨陪葛城先生去菜市场买菜，然后在院子里玩会儿飞盘，中午陪葛城先生睡个午觉，下午一起去街角的咖啡店，睡前还会听葛城先生说话。这一切的习惯在葛城先生离世之后依然没有变过，阿特温情的陪伴让人感动，不渝的忠诚让人为之深深动容，这样的动物怎么不值得人们心怀感恩之情呢？

骆驼的故事 ▶▶▶

感恩的真谛或许就是滴水之恩，当涌泉相报吧。

古力疆是一名探险家，他对沙漠有着特殊的感情。他曾经独自一人横穿过巴丹吉林沙漠、库姆达格沙漠、古尔班通古特沙漠和塔克拉玛干沙漠。今天，他给我们讲述了一个发生在塔克拉玛干沙漠中关于骆驼的真实的故事。

"五月行走在塔克拉玛干沙漠中实在是一个很不明智的举动。因为每年的五月到八月，沙漠中时常有沙暴发生，一场沙暴过后，沙漠中万物寂静，连沙漠中生存能力最强的骆驼都难以逃脱死亡的厄运。我骑着骆驼在五月初进入了塔克拉玛干沙漠，朋友们也劝过我好多次，但是我还是执意要走这么一遭。

"进入沙漠不到100千米，我就看到了这样一幕：地上散落着的一些旅行装备被黄沙半掩埋着，一只骆驼伏在沙丘上，大口大口地喘着粗气，但是我放眼望去看不到一个人。我顿时明白了，能造成这样严重后果的一定是前不久发生的一场沙暴。

"那只骆驼瘦得皮包骨头，看来应该是缺水造成的。我走过去，解下我的水囊，找出一个碗，往碗里倒了些水。沙漠中，水就是旅行者的命，少一点水，就会少一点活下去的希望，但是我无法对眼前的生命视而不见，只能把自己的水分一些给它。

"那只骆驼慢慢地睁开了眼睛，然后眨了眨眼睛，我似乎能看到它眼中的雾气。我拍拍它的脖子，把盛满水的碗放在它嘴边。它的鼻子抽动了两下，似乎闻到了水的芳香，然后将碗中的水喝掉了。

"行走在沙漠中的骆驼都是有灵性的，我看着那只骆驼，然后又指了指来时的方向，告诉它那边就是沙漠的出口。那只骆驼慢悠悠地站起来，它似乎很久没有站立了，站得很不稳。它甩了甩脑袋，向我低了低头，朝我指的方向走去。

"我骑上我的骆驼又上路了，但是没多久我就迷路了。指南针不知道为什么也不再指南了，我的搭档骆驼也迷失在这茫茫沙海中找不到方向。探险经验告诉我：没什么，不用怕。现在是中午，只要等到下午，我就可以根据太阳的照射方向推算出大体方向，那么我就一定能找到沙漠营地。

"可是老天爷似乎在故意和我作对，中午一过，天立刻阴沉下来了。一阵大风吹过，我的眼睛被沙子迷住了，我的骆驼也有些烦躁不安，嗓子深处发出低沉的'咕嘟咕嘟'声。曾经有个老人告诉过我，骆驼只有在繁殖期或者遇到灾难的时候才会发出这样的声音。我明白了，这一切也许是可怕的沙暴来临的前兆。

"我牵着骆驼赶紧躲在一个沙丘背面，希望这沙丘能帮我们躲过一难，但我心里也很清楚，面对沙暴能存活的概率绝对不会大于百分之一。

"远处传来了巨大的轰鸣声，我知道那是沙暴引起的沙鸣。霎时间天地一片昏暗，漫天的黄沙飞扬。我用丝巾包裹住自己的脸，然后把头伏在双膝上。我什么都看不清，什么也听不清，只觉得这漫天的黄沙就快要把我掩埋了一样。

"我的骆驼似乎受不了了，它挣开我手中的绳子，一摇一摆地向远方快速跑去。我心想：这下完了！骆驼跑了，我所有的家当都在它身上呢！就算我能躲得过沙暴，没有了家当也很难走出沙漠！

"我的手下意识地摸了摸腰间，却摸到了一根救命稻草——水袋！之前给那只骆驼喂水后我就直接把水袋挂在了腰间，没有挂到骆驼身上！这水能救我的命！我闭上眼睛，祈祷自己在沙暴

中能够活下来。

"沙鸣声越来越大，沙暴的中心离我也越来越近，我只能听天由命了。正当我打算放弃最后的希望时，我却隐约听到了熟悉的骆驼奔跑声，是我的骆驼！我激动得差点喊出来。但是当那只骆驼跑到我身边时，我才发现它并不是我的骆驼，因为我的骆驼很壮实，而这只骆驼却瘦得皮包骨头。

"我忽然明白过来了，这是我救的那只骆驼！

"只见它跑到我面前，弯下前膝，示意我骑到它身上。我走到它身侧，奋力一蹬，爬上了它瘦削的背。这只瘦弱的骆驼开始没命地向前奔跑，我紧紧地拽着它脖子上的驼绳，大气都不敢喘——我们要拼一把！

"天地依旧一片模糊，我仍然什么都看不到，但是可以清楚地听到身后的沙鸣，仿佛成千上万个人正在追捕我们，要置我们于死地。

"骆驼依旧在没命地奔跑，我从没见过跑得这么快的骆驼。不知过了多久，沙鸣声似乎小了。我慢慢地睁开眼，看着不远处的一个坐标，我发现自己已经到了安全的地方。我得救了！"

讲完这些，古力疆停了一会儿，端起手边的茶碗，大口地喝着茶。我有些着急，连忙问道："然后呢？那只骆驼怎么样了？"古力疆放下茶碗，皱着眉头，说："它死了。""死了？"我吃惊地喊道。"是的，死了。"他点点头，继续说，"当我发现自己已经安全后，那只骆驼就缓缓地倒下了，它向我眨了眨眼睛，似乎在对我说谢谢，然后就永远地闭上了眼睛。"

"其实，应该说谢谢的是我。"古力疆说。

<table>
<tr><td>感恩传承</td><td>古力疆用一碗水救了一只骆驼的命，还为它指了沙漠出口的方向。在沙暴来临之时，那只骆驼居然义无反顾地跑回来救他，在到达安全的地方之时，那只骆驼却永远地闭上了眼睛。

感恩是相互的，正所谓"我赠你一滴水，你送我一个东海"。感谢自己那一瞬的善念，更感激对方倾尽全力的回报。</td></tr>
</table>

丛林再会 ▶▶▶

有一种感恩永不过期，二十年后的相逢再叙恩情。

十多年前，桑伊只是一个普通的印度小男孩，他和所有的孩子一样，喜欢去动物园看动物，他尤其喜欢和动物园那头叫嘎芒的小象一起玩。

嘎芒是头小象。它的妈妈在生下它没多久就生病死去了，于是嘎芒就这么孤零零地生活在动物园里。但是它有一个人类好朋友，那就是小男孩桑伊。桑伊总会从家里偷偷带出自己舍不得吃的面饼给嘎芒吃，或者坐在嘎芒身边陪它说话，和它一起玩耍。

但是日子无法一直这么平静地过下去，因为可怕的战争已经开始了。

所有的人都急急忙忙地搬到防空洞里，害怕天上随时会掉下一颗又一颗炸弹。

这天，阿妈收拾好家当，带着桑伊躲进了防空洞。漆黑的防空洞里潮乎乎的，桑伊觉得很不舒服。

"阿妈，我们要在这里待多久呢？"桑伊轻声问。

"待到战争结束吧。"阿妈紧张地说。

"那战争什么时候能结束呢？"

"我也不知道，但是现在我们一定要藏好，因为听说这两天会有一支空军部队从我们小镇上空飞过，说不定要用炸弹轰炸我们家呢，所以我们一定要藏好了！"阿妈的声音虽然有些颤抖，但是很坚定。

小小的桑伊乖巧地点了点头，他忽然想到了什么，紧张地问："阿妈，要是我们都躲起来了，那么动物园的动物们要怎么办呢？"

"都这个时候了，谁还有心思管动物园的动物呢？可能它们会自生自灭吧。"阿妈说道。

嘎芒！桑伊的脑海里忽然浮现出一头小象的脸。桑伊站起来，大声对阿妈说："阿妈，我出去一下。您不用担心，我一会儿就回来！"说完，他就飞快地跑出了防空洞，把阿妈呼喊他的声音抛在了脑后。

现在桑伊的脑海里只有那群无人照顾的动物，如果他不去救那些动物和他的朋友嘎芒，那么空袭一定会害死这些动物们的。

桑伊用最快的速度跑到了动物园。动物园里一个人也没有，很多动物的笼子门打开着，里面的动物不见踪迹。看来是饲养员来不及把动物们关住就离开了，所以动物们都逃出去了。桑伊跑到嘎芒住的地方，却发现嘎芒正趴在一垛草堆后面。

"嘎芒！"桑伊大声喊道，嘎芒听到了熟悉的声音立刻回过头来。一看到桑伊，嘎芒立刻站起来向桑伊跑来。桑伊抚摸着嘎芒的头，轻声说道："嘎芒，现在这里很危险，我必须把你送走，要不然你可能会死的。"嘎芒用长鼻子勾一勾桑伊的胳膊，似乎听懂了。

　　桑伊带着嘎芒小心地走到小镇外的丛林边。丛林有多大，桑伊也不知道，他只记得阿妈曾经告诉过他不要去丛林里玩，因为曾经有无数个人进了丛林就走不出来了。桑伊知道，也许嘎芒进了丛林，他就永远见不到嘎芒了，但是为了嘎芒的安全，丛林是它最好的选择。

　　桑伊拍拍嘎芒的脖子，轻声说："嘎芒，去丛林吧，那里有你的伙伴们，和它们在一起好好地生活吧。"小象却一动不动，依旧用长鼻子挽着桑伊的胳膊。桑伊难过地哭起来，他边哭边说："嘎芒，快走吧！以后我们肯定可以再见的！快走吧！"桑伊的眼泪似乎让嘎芒愣住了，只见它慢慢抽回自己的长鼻子，然后一步一回头地缓慢地向丛林走去。

　　再见了，嘎芒！桑伊看着嘎芒的背影，努力地挥手。

　　二十年后，战争早已结束，桑伊也长成了一个结实的小伙子，他成为了小镇上的一名邮递员，和家人幸福地生活在一起。

　　一次，为了把紧急的信件送到丛林那头的小村庄，桑伊决定试着横穿丛林，如果成功的话，送信的时间会缩短一半。

　　但是，事情并没有桑伊想得那么简单，因为他在偌大的丛林里迷路了。

在丛林里转了两天，桑伊又累又饿，终于由于体力不支昏倒在地上。

不知过了多久，桑伊打了个激灵，因为有水泼到他的身上。他慢慢睁开眼，却看到一头大象站在他面前。天空晴朗并没有下雨，大象的长鼻子却在滴水，无疑是这头大象用水将自己喷醒的。不知为何，桑伊觉得这头大象给自己的感觉好熟悉。

"嘎芒？"桑伊忽然小心翼翼地问道，面对这头大象，桑伊的脑海里浮现出一头小象的可爱模样。

大象叫了一声，似乎很开心。它用又粗又长的鼻子挽起桑伊的胳膊，就像小时候那样。

"嘎芒？你真的是嘎芒？"桑伊有些难以置信，他激动得说

不出话来。大象摇着脑袋，扭着脖子，那憨厚的样子和小时候的嘎芒一模一样。毫无疑问，它就是嘎芒。

桑伊搂住嘎芒的长鼻子，流着眼泪说："真好，没想到我们还能再见，更没想到我们是在丛林里再会。"嘎芒又叫了一声，好像在说它也很开心。

嘎芒抽回自己的长鼻子，然后用长鼻子把地上几个黄澄澄的野果拨到桑伊面前，它似乎在对他说："快吃吧，吃了你就有精神了。"

桑伊这才感觉到自己有多饿，他点点头，拿起野果，一口咬了下去。真甜！

嘎芒示意桑伊坐到自己背上，然后带着桑伊走到丛林边。桑伊从嘎芒背上下来，抱住嘎芒的长鼻子，开心地说道："嘎芒，我们一定还会再见的！你要好好的啊！"而大象长叫一声，似乎在跟桑伊约定再见。

感恩传承

二十年前，印度小男孩桑伊在战乱时将小象嘎芒送到了安全的丛林。二十年后，桑伊因为送信在丛林里迷路了，很幸运地遇到了已长成大象的嘎芒，桑伊得救了并且在嘎芒的帮助下走出了丛林。这或许是巧合，不过有一颗善良和懂得感恩的心，永远不会错。

现在可以开枪了 ▶▶▶

在临死前，母猴将自己的乳汁，放在了孩子可以够得到的地方，然后捂上了眼睛。

那是1960年，山里饿死了人。公社组织了十几个生产队，围了两个山头，要把这附近的猴子赶尽杀绝，不为别的，就为了填饱肚子。零星的野猪、麂子已经解决不了问题，饥肠辘辘的山民开始把目光转向了成群的猴子……

两座山的树木几乎全被伐光，最终一千多人将猴群围困在一个不大的山包上。猴子的四周没有了树木，它们被黑压压的人群层层包围，插翅难逃。双方在对峙，这是一场心理较量。

猴群不动声色地在有限的林子里躲藏着，人在四周安营扎寨，不时地敲击东西，大声呐喊，不给猴群片刻歇息的机会。

三天过后，猴群已经精疲力竭，准备冒死突围，人们也做好了准备，开始收网进攻。于是，小小的林子里展开了激战，猴的

老弱妇孺向中间靠拢，以求存活；人的老弱妇孺在外围呐喊，造出声势。年轻力壮的人和猴在进行厮杀，彼此都拼尽全部力气浴血奋战，说到底都是为了一个目的——活命。

战斗整整进行到黄昏，林子里的声音渐渐平息下来，无数死猴被收集在一起，各生产队按人头进行分配。

那天，有两个老猎人没有参加分配，他们俩为追击一只母猴来到被砍伐后的秃山坡上。母猴怀里紧紧抱着自己的崽，背上背着抢出来的别的猴的崽，匆匆忙忙地沿着山岭逃窜。

两个老猎人拿着猎枪穷追不舍，他们是有经验的猎人，他们知道，抱着两个崽的母猴跑不了多远。于是他们分头包抄，和母猴兜圈子，消耗它的体力。母猴慌不择路，最终爬上了空地上一棵孤零零的小树。这棵树太小了，几乎禁不住猴子的重量，这绝对是砍伐者的疏忽，也许他根本没把它看成一棵"树"。上了树的母猴再无路可逃，它绝望地看着追赶到跟前的猎人，更紧地搂住了它的两个崽。

绝佳的角度，绝佳的时机，两个猎人同时举起了枪。正要扣动扳机的时候，他们看到母猴突然做了一个手势，两人一愣，分散了注意力，就在这犹疑的时刻，只见母猴将背上的、怀中的崽，一同搂在胸前，喂它们吃奶。两个小东西大约是不饿，吃了几口便不吃了。这时，母猴将它们搁在更高的树杈上，自己上上下下摘了许多树叶，将奶水一滴滴挤在叶子上，搁在小猴能够到的地方。做完了这些事，母猴缓缓地转过身，面对猎人，用前爪捂住了双眼。

母猴的意思很明确：现在可以开枪了……

母猴的背后映衬着落日的余晖，还有一片凄艳的晚霞和群山的剪影。两只小猴天真无邪地在树梢上嬉闹，全然不知危险近在眼前。猎人把枪放下了，永远地放下了。

他们不能对母亲开枪。

<table>
<tr><td>感恩传承</td><td>　　母爱的伟大，在动物世界表现得更为无私。在逃生的路上，母猴还要背着别人的孩子，这种爱的无私更是难得的。而在枪口对准母猴的瞬间，它逃脱不了，但生命的最后一刻它坚持要做一位母亲应该做的一切。这一刻，它一定有不舍，有留恋，但它无法改变自己的命运，只能给孩子留下更多生的可能，这就是母亲。有这样的母亲，孩子怎么能不感恩呢？</td></tr>
</table>

看门的"狼狗" ▶▶▶

俗话说，好人有好报。这是亘古不变的真理。

那年大旱，收成不好，家家户户只能靠着从前储备的粮食过活。原本村里各家都养了看门狗，但是为了多给家人留点口粮，很多人家都把狗蒙上袋子丢进山里了。

我们家是不折不扣的穷人家，早年的粮食只够果腹，哪有什么余粮？但是我母亲并没有因此而发愁。她是一个很会过日子的女人，只见她在灶房里东找找西翻翻，居然变戏法一样找到了一小口袋没来得及磨的麦子和一些有蛀虫的白米。她笑着跟我们说："有了这些宝贝，咱们应该能度过这个荒年。"

接下来的日子，我们一家人每天喝一锅小麦粥，里面下着几片野菜叶，勉强度日。

终于挨到了过年，母亲把那些有蛀虫的白米磨成了细面粉，做了一锅清汤面，蒸了五个白馒头。馒头很小，一口就能吞下去一个，但是我们还是很开心。

除夕夜，一家人正围着大锅打算吃面，忽然听到门口传来一阵狗叫声。真奇怪，村里早没了狗，这时候怎么会有狗叫呢？

母亲打开门，只见一只长相凶恶的大家伙趴在门口的木柴堆上。借着月光，我们看清了这大家伙的长相。

它长得可怕极了，嘴巴尖尖的，发黄的獠牙外露，似乎还闪着寒光，浑身黑黝黝的。

父亲想了想，说道："这家伙肯定是村里的那些被扔到山上的狗和野狼生下的崽子，是真正的狼狗。"

听了父亲的话，我们姐妹三个怕极了，生怕这个大家伙扑上来把我们吃掉。

母亲点点头，正要把门关上，却听到那只狼狗发出一声凄惨的哀鸣，仿佛在哭泣。

母亲愣住了，仔细端详着这只大狼狗。忽然，母亲后退两步，指着柴火堆说不出话。

我们顺着母亲的手指看去，却看到了不得了的东西——一只比人的手掌大不了多少的小狼狗正趴在柴火堆上。看来这只小狼狗应该是大狼狗的孩子，但它的状况似乎很不好，它闭着眼睛，发出微弱的"呜呜"声。

母亲说："这只小家伙快饿死啦。"大狼狗似乎听懂了，又仰着脖子发出长长的一声哀鸣，好像在求我们救救它的孩子。

母亲犹豫了，而那只大狼狗似乎失望了，正要叼起小狼狗离开的时候，母亲忽然喊道："等等！"大狼狗扭过头，疑惑地看着母亲。

母亲跑进屋，从饭桌上拿起了属于她的那个白面小馒头，然后走出来，蹲在大狼狗面前，似乎在自言自语："这是我们家最好的东西了，拿去救你的孩子吧。"说罢把白面小馒头放在大狼狗面前。

大狼狗盯着母亲看了好一会儿，它的喉咙里发出"呜呜"的声音，然后叼着小狼狗和小馒头离开了。

那年的除夕，我们把剩下的四个小馒头切成了薄薄的馍片。馍片很少，但是一家人围在一起吃得很香。

春天还没到来，村里却陷入了恐慌——因为缺少粮食，有人开始偷盗别人家的粮食。

我和妹妹们经常守在装着家里仅存的一点小麦面粉的罐子旁边，生怕有哪个坏人忽然出现将我们最后的宝贝偷走。一天夜里，小偷终于出现在我们家门前。

父亲警觉地听到有人翻墙的声音，他立刻坐起来，披上大衣，抄起门后的挑水扁担，准备和小偷拼命。正当他要拉开门的时候，忽然听到门外传来一阵狗吠。

我们姐妹三个吓坏了，完全不知道外面发生了什么事。母亲也急忙穿上大衣，想看看究竟发生了什么事。

我们听到外面有个声音凄惨地喊道："妈呀！有狼！"然后又听到外面的墙头下传来了"咚"的一声，紧接着又传来撒腿奔跑声。不用想，肯定是那个小偷跑了，但是我们实在不明白他为什么要跑呢？

这时，父亲握着扁担打开门，却被眼前的状况搞得摸不着头脑——我们家门口蹲着一大一小两只凶恶的狼。不对，它们不是狼，是真正的"狼狗"。

母亲也走出来，看到眼前的景象愣住了。那只凶恶的大狼狗看到母亲，开心地叫了一声，小狼狗则是轻轻地摇了摇尾巴以示友好。看着它们，母亲笑了。

后来我们家再也没有小偷敢光顾，村里人都说我们家有山神庇护，所以连虎豹豺狼都给我们家看门。母亲却没说什么，只是笑笑，但是她后来一直教育我们姐妹三个一定要做好人。

"好人有好报。"这是母亲最常说的话。

感恩传承	母亲宁愿自己挨饿，依然选择了救助大狼狗的孩子。在我们家遭遇小偷的时候，大狼狗带着它的小狼狗为我们家看门。大狼狗用自己的方式来感谢母亲当时的恩情，因此"好人有好报"这句话永远不会过时，善良永远不会打折，感恩永远都有保鲜期。

狗富贵，不相忘 ▶▶▶

忠诚是狗的代名词，感恩也是。

他是一个乞丐，每天在天桥上乞讨，在天桥下睡觉，过着最卑贱的生活。它是一只狗，是他在路边的一个小纸盒里捡到的一只小狗。

他和它，在这天桥的一方天地里相依为命。

平均下来他每天行乞可以得到三块钱，他会用一块钱买四个馒头，在天桥下和小狗一起吃。剩下的两块钱，他总是小心翼翼地把它们藏在衣服的最里层，幻想着有一天能不再过这样落魄的生活。

日子一天天过去了。这天，他在天桥上乞讨，在天桥下休息的小狗被几个顽皮的小孩子捉住了。他们给小狗的脖子上套了根绳子，使劲折腾它。小狗痛苦极了，这几个孩子却玩得很开心。

一个过路的女孩看到这情景，生气地冲了过来。小孩子们看到有人冲过来，立刻作鸟兽般散去。女孩连忙解开小狗脖子上的绳子，把小狗抱在怀里，小狗感激地叫了几声。女孩仔细端详着怀中的小家伙，却发现这只小狗并不是一只普通的小狗，而是一只金毛犬！

女孩以为这是一只无家可归的小狗，于是她爱怜地摸了摸小狗的头。她想了想，然后做了一个决定——她要给小狗一个温暖的家！

女孩带着天桥下的小狗离开了，而天桥上的他却什么也不知道。当他发现小狗不见了的时候，一切都晚了。

他在心里怨恨着小狗的不忠诚，认为小狗肯定是不想和他在一起了才跑掉的。他想了很多，最终叹了口气，"离开也好。"他想。

这些天连着下大雨，他一分钱也没有讨到，只能蜷缩在天桥下。他又冷又饿，抬头看着雨幕，听着"哗哗"的雨声。咦，远处好像有什么东西正在向天桥靠近。他坐起来，想看个究竟。

近了，近了！是一只狗！那只狗被雨水打得十分狼狈，但是金色的毛似乎在彰显着它那高贵的身份。只见那只狗正在用嘴巴拖着一个食盆向这边一点一点地蹭过来。

他站起来，那个小身影他实在是太熟悉了！是小狗！小狗拖着食盆来到了天桥下，看到他，高兴地摇着尾巴扑了上来。

"你来这里做什么？"他还没有忘记小狗的背叛。

小狗用水汪汪的大眼睛看着他，然后又看看食盆。他这才看清——食盆里装着一碗狗粮。小狗伸出爪子，把食盆推到了他的面前。

那一瞬间，他仿佛被雷劈到了一般，呆呆地站在那里一言不发。小狗把自己的饭带出来，是为了给他吃！他的脑海里一遍遍地闪过曾经的画面：他和小狗坐在天桥下，四个馒头，你一点，我一点，一人一狗吃得不亦乐乎。

两行泪从他的眼角流下来，小狗似乎有些不知所措。他抓起食盆里的一些狗粮，放在小狗面前，说道："吃吧，吃吧！"然后自己也拿起一些狗粮放在嘴里，狗粮干涩难以下咽，但是他努力地吃着，边吃边流泪。

他不知怎么突然想起了这样一句话——"狗（苟）富贵，不相忘"。

小狗离开后，他站起来，擦干泪水，拿出藏在衣服最里层的"存款"，去了远方。

感恩传承	一个乞丐与一只小狗在天桥的某个角落相依为命，常常一起分吃馒头。有一天小狗不见了，他在心里怨恨着小狗的不忠诚。可是在一个雨天，小狗拖着食盆出来找他，为了和他分享。"苟富贵，不相忘"这句话原本用来形容朋友之间的友谊，然而用在这里也恰如其分。小狗的行为感动了他，他读懂了小狗的报恩，也从此改变了他人生的方向。

猫 的 报 恩 ▶▶▶

赠人玫瑰，手有余香。说的不正是这样的感恩吗？

这是发生在山村里的一件事。在一个寒冷冬季的早晨，女主人像往常一样打开柴屋的门，准备取些木柴做早饭。忽然，她听到"喵喵"的猫叫声。奇怪，家里没养猫，怎么会有猫叫声呢？

她顺着叫声找过去，竟发现一只母猫和刚刚出生的六只小猫。小猫的眼睛还没睁开，冰冷的地面迫使它们缩成一团，一个劲儿地往母猫身子底下钻。

看到有陌生人来了，疲倦而虚弱

的母猫变得十分警惕，浑身的毛都竖了起来，它"呜呜"地低声叫着，弓起腰，准备和"入侵者"拼命。女主人见此情景，不禁起了怜悯之心，她默默地走回去，给母猫一家取来了御寒的旧毛毯和一些吃的。母猫仿佛明白了她的心意，也就趴在旧毛毯上毫不客气地大吃起来。

就这样，一个月、两个月，小猫渐渐长大，冬季也在这温暖的呵护中过去。一天早晨，女主人像往常一样来喂猫，却发现猫一家不见了，它们已经悄悄地搬走了。

后来，发生了很多"怪事"。每到逢年过节的时候，这家的门口总会出现一条鱼或者别的什么。是谁在开这样的玩笑？第一年，大家以为是谁的恶作剧。谁知，第二年依然如此。等到第三年的时候，一家人觉得这件事实在是太离奇了。于是除夕夜，男主人裹了棉被坐在外面，盯着门口，决定要查个水落石出。

结果，在半夜的时候，从远处慢慢地走来一只猫。它的嘴里叼着一条鱼，它走到这家门口，轻轻地把鱼放下，静静地凝视着里面。过了一会儿，它才悄然离去，消失在了茫茫的夜色里。

原来，是猫在报恩。

<table>
<tr><td>感恩传承</td><td>猫的报恩不过是几条小鱼，但是包含了说不清道不明的爱与感恩。我们总是说动物没有办法表达它们的感情，其实并不是这样的，动物也有感情，它们知道你对它们的好，它们也会用属于它们的方式报恩。</td></tr>
</table>

小狗下跪 ▶▶▶

有句话说，男儿膝下有黄金，那只小狗为什么下跪呢？

我朋友的母亲一直住在天津，夏天的时候，她很喜欢去天津人民公园遛弯，然后和那里的老人们聊天，下面这个故事就是朋友的母亲在和别人聊天时听来的。

一个老太太年纪很大了，她没有子女，一个人孤苦伶仃。有一天，老太太在街上捡了一只瞎了一只眼的小狗，从此，她就和这只小狗相依为命。

后来，城市里开始进行打狗运动，所有无证的狗都要被捕杀。老太太知道这件事后，决定不再带着小狗出来遛弯，她小心地把狗安置在家里，并且想尽办法让人查不出她有一只小狗。

天不遂人愿，尽管老太太想尽一切办法保护小狗，但小狗还是没能逃脱被捕获的命运。

这天，一些人来到老太太家里，让老太太把养狗证拿出来让他们检查一下。老太太哪有这种东西啊，她只能摇摇头。那些人二话不说，抓起拴着小狗的绳子就往外走。老太太抓住一个人的胳膊，哭喊着说："这只狗就是我的命啊！你们怎么能把我的命带走呢！"

无论老太太如何哀求，甚至要给那些人跪下，但那些人仍不为所动。最终小狗还是被无情地带走了。

老太太唯一的伴被带走了，她的心里难受极了。老太太没有收入，靠着救济生活，但为了小狗，她做出了一个决定。

老太太挨家挨户地敲门，她去求老街坊邻居帮忙，希望他们能借给她一些钱，让她救小狗。街坊邻居被老太太的执着打动了，于是都拿出钱借给她。

好不容易凑了一千块钱，老太太立刻拿着钱去赎回自己的狗。小狗赎回来了，老太太抱着小狗激动得说不出话来。

就在这时，让在场所有人吃惊的一幕发生了，只见小狗忽然弯下后腿，跪在老太太脚下，然后悲伤地叫着，并且流出了眼泪。

看到一只边流泪边悲伤地叫着的小狗对一个老太太下跪，所有人都哭了。小狗下跪，跪向老太太，跪向尊重，跪向感恩。

感恩传承　　小狗也会下跪，这件事听起来似乎让人难以置信。可是在老太太无私的爱护面前，在平凡但深沉的恩情面前，这一切又是那么顺其自然。小狗的那一跪，名字叫做感恩。动物尚且如此，它们用自己的方式表达着感激，同时也感动了我们，教会了我们。

会笑的大白鲨 ▶▶▶

感恩，有时动物比人类更明白！

大白鲨是世界上最可怕的动物之一，它比其他鲨类对人更有危害性。因为它会在没有受刺激的情况下对游泳、潜水、冲浪的人，甚至小型船只进行致命地攻击。但是有谁想过凶狠残暴的大白鲨也会对人类露出不一样的"笑容"呢？

安纳德·普林特是一位澳大利亚渔夫，他非常喜爱自己的工作。但是他怎么也没想到，自己会和渔夫最害怕遇到的大白鲨扯上关系。

两年前，安纳德出海捕鱼，等他收网的时候，发现自己这次"收获不小"，因为有一只大白鲨居然落入了他的渔网中。

安纳德剪开渔网，将这个凶恶的动物放生了。但是，这只大白鲨从此便不愿离开安纳德，不论安纳德的船到哪儿，它都会跟到哪儿。

安纳德也想过摆脱这只大白鲨，但是根据澳大利亚《野生动物保护条例》，他不能对野生动物做出任何具有伤害性行为的事情，所以他只能任由大白鲨跟着自己。

安纳德给这只大白鲨起了个好听的名字，叫"辛迪"。每次出海，只要安纳德一停船，辛迪就会游过来，展开它的背鳍，不介意安纳德抚摸它的肚皮和脖子。平时它会打着呼噜，眨着眼睛，来回游动并欢快地拍打着海水等待安纳德的到来。只要看到安纳德，辛迪就会张开大口，傻呵呵地笑起来。

这只会笑的大白鲨，在用它所能做到的事情对安纳德表示感恩。不论怎样，它带给我们的深思，绝不仅仅是一个笑容那么简单。

感恩传承　　大白鲨通常给人的印象都是凶恶、残暴，带有攻击性的，而这只名叫"辛迪"的大白鲨却会微笑。它用微笑来表达对安纳德把它放生的感激，它用它自己独有的方式对安纳德欢迎、示好。就连一只大白鲨都学会了感恩，我们人类是不是更应该这样做呢？

不开口的鹦鹉 ▶▶▶

有时，奇迹的另一个名字，叫做感恩。

我的邻居老李买了只鹦鹉，但是买完后他就后悔了。因为这只鹦鹉虽然长得好看，但是不会说话。

老李为这事也去过专业的宠物医院，医生给鹦鹉检查过后，很遗憾地告诉老李："这只鹦鹉先天声带发育不全，所以不可能学会说话。"

老李的孙女莫莫和他们老两口住在一起，这孩子才上小学一年级。她很喜欢家里的这只鹦鹉，即使鹦鹉不会说话，她也喜欢和它在一起玩。

莫莫是真心喜欢这只不会说话的鹦鹉，她每天放学回来的第一件事就是给鹦鹉唱歌。这不，这孩子又在隔壁的阳台上开始唱歌了："布谷布谷天上叫，五月的田间枝头绕。不哭不哭只微笑，爱人的祝福在祈祷。燃烧燃烧，只愿壮烈地来去，不愿平庸

活到老。依靠
依靠，哪怕在你
怀里一秒，不贪
图暮暮朝朝。
我是一只永
不落泪的
布谷鸟，
吹响胜
利的号
角，飞向自豪……"听着这活泼稚嫩的声音，正在种花的我会心地笑了。

　　这天中午，老李两口子出门了，留莫莫一个人看家。莫莫搬了个大椅子来到阳台，站在椅子上和鹦鹉聊天说话。聊到开心处莫莫手舞足蹈，全然忘记了自己是站在高高的大椅子上。一个没站稳，脚下的椅子一斜，莫莫向后倒去。"救命……"一句话还没说完，她的脑袋已经狠狠地磕到了地上，她疼得昏了过去。

　　那时候我正在给我心爱的花草浇水，起先听到"咣当"一声，没怎么在意，只当是哪家邻居把碗打碎了。但是过了一会儿，我听到了一个奇怪的声音，就好像舌头短了一截的人在含糊不清地说话，好半天我才听出那个声音一直在重复着一个词——"救命"！

　　我放下手中的花洒，仔细听着。没错！那声音是从隔壁老李家传出来的，但是老李和他老伴今天中午出门去了呀，怎么会有

人在家里喊救命呢？是莫莫！我恍然大悟，一定是这孩子遇到什么事情正在求救呢！

我赶忙跑去敲老李家的门，没人开门。我回到家，咬了咬牙，决定从院子里翻墙到他们家去看看。翻过墙，打开阳台的门，我看到了这样的一幕：莫莫倒在地上昏迷不醒，而那只不会说话的鹦鹉一直绕着莫莫飞转，一边飞一边含糊不清地叫着"救命！救命！"

因为及时送到医院，所以小女孩莫莫并没有大碍。而这一切多亏了这只鹦鹉。

老李很不解，明明是一只声带发育不全的鹦鹉，怎么可能会喊出"救命"呢？于是他又带着鹦鹉去找了宠物医生。

医生又帮鹦鹉仔细检查了一遍，依旧得出了之前的那个结论："这只鹦鹉先天声带发育不全，不能说话。"但是医生也无法解释为何这只原本不能说话的鹦鹉居然会发出声来。

总之，这只鹦鹉会说话了。尽管它的发音依旧是含糊不清，但是，每天都能听到它用含糊不清的声音欢快地叫着："莫莫！莫莫！"

感恩传承　　在危急关头，那只不会说话的鹦鹉开口了，小主人因此而得救。或许，平日里你小小的善举会让别人铭记于心，哪怕它是一只小动物，终有一天会有意想不到的回报。不会说话的鹦鹉开口了，在医学里无法解释的奇迹，它也许就源于感恩。

狮子克里斯蒂安 ▶▶▶

那一份恩情，我相信狮子会懂得。

$这$ 是澳大利亚人约翰·伦德尔和安东尼·伯克与一只名叫克里斯蒂安的狮子之间的故事。

玩伴

1969年，伦德尔和伯克在英国伦敦西部切尔西区的一个家具店工作，并住在家具店楼下。

一天，一个朋友从百货公司购物归来告诉他们，那里可以买到罕见的动物。出于好奇，伦德尔和伯克到百货公司一探究竟，在那里，他们看到了一只被关在小笼子里的幼狮。

这只当时体重不足16千克的幼狮出生于一个动物园，后来被卖给百货公司。伦德尔和伯克觉得它很可怜，便用250英镑买下了它，并给它取名为"克里斯蒂安"。

伦德尔和伯克把克里斯蒂安当做宠物饲养，经常与它一起嬉戏，一起在公园里玩足球，有时还带它去餐馆。乘车出远门时，克里斯蒂安就被主人安置在他们那辆宾利车的后座上。当时这个奇异的组合成了切尔西区一道独特的风景。

放归

　　大约一年后，克里斯蒂安长成了体重为84千克的大家伙。仅一周的伙食费，伦德尔和伯克就要为它花掉30英镑。两人逐渐意识到，他们已经无法继续把克里斯蒂安养在家里，但是他们又不知道应该怎么办。

　　凑巧的是，有一天，演员夫妻比尔·特拉弗斯和弗吉尼娅·麦克纳到家具店挑选写字台时遇到了伦德尔和伯克。这两位演员建议伦德尔和伯克与在肯尼亚野生动物保护区的工作人员乔治取得联系。于是，两人带着十八个月大的克里斯蒂安去了肯尼亚。在肯尼亚野生动物保护区，他们与乔治一同努力，逐步帮助克里斯蒂安恢复狮子的自然习性。当伦德尔和伯克确认克里斯蒂安已经能够在野外独立生存并拥有安全的活动空间后，他们就离开了肯尼亚回到了英国。

不过，他们一直与乔治保持着联系，后来又数次重返肯尼亚，在野生动物保护区里远远地眺望克里斯蒂安的身影，以寄托思念之情。

重逢

1974年，乔治有三个月无法追踪到克里斯蒂安的踪迹。他把这一情况告知伦德尔和伯克后，伦德尔和伯克决定重返肯尼亚，与克里斯蒂安做最后的告别。

就在伦德尔和伯克抵达野生动物保护区的前一天晚上，乔治告诉他们，克里斯蒂安再度现身了。它蹲在乔治帐篷外的岩石上，好像在等待老朋友的到来。乔治警告伦德尔和伯克，要与克里斯蒂安保持一定距离，因为它已经完全恢复了野生状态，如果野性大发，可能会把他们两人撕碎。

第二天，伦德尔和伯克到达野生动物保护区，然后站在丛林外面等待克里斯蒂安。过了一会儿，克里斯蒂安出现了。当两人走向狮群中的克里斯蒂安时，克里斯蒂安顿时停下脚步，用鼻子嗅了嗅空气，接着它认出了这两个年轻人。于是它加快速度，撒腿欢快地奔向他们，用后腿站立着轮流拥抱两个旧主人，并用舌头舔他们的脸，热情地欢迎他们的到来。

伦德尔后来回忆说："它笔直地奔向我们，然后扑到了我们身上，将我们撞倒在地，它像过去一样拥抱着我们，将它的爪子搭在我们的肩上。我们都激动得哭了起来，克里斯蒂安也几乎流下泪来。我们永远都不会忘记我们在一起的宝贵时光。"

克里斯蒂安一直跟着他们到露营的帐篷那里，并在帐篷外一直待到晚上其他人回到帐篷。重逢的第二天，克里斯蒂安返回了丛林，在丛林的边缘，一只母狮在等它。克里斯蒂安带着妻子，恋恋不舍地消失在了茫茫丛林中。

那次重逢也成了伦德尔和伯克与克里斯蒂安的最后一次见面，因为从那以后，人们再也没有看到过克里斯蒂安的身影。

感恩传承　　当久别重逢后，狮子克里斯蒂安撒腿欢快地奔向伦德尔和伯克时，像从前一样拥抱着他们，仿佛是在倾诉那离别的思念。狮子是属于丛林，属于自由的，但是它会记得旧主人的恩情。带着一颗感恩的心，克里斯蒂安返回丛林中继续做百兽之王。

一只海鸠妈妈 ▶▶▶

为了保护自己的孩子，而甘愿被俘的母亲，最终它会俘虏一颗同样善良的心。

那是在远离俄勒冈州海岸的一个叫三拱岩的海鸟聚居地，我和同伴攀爬上了一块巨石的顶部。在这坑坑洼洼的岩脊一侧栖息着成百上千只海鸠，我们蹑手蹑脚地企图靠近它们的领地，但很快就被警惕性颇高的海鸠识破了。"呼啦啦"一声响，一大片海鸠飞了起来。

然而，在岩石上仍有那么两只海鸠，尽管惊恐不已，却依然不情愿离开它们的爱子。它们的喙紧张地半张着，眼里充满了恐惧，绷紧的身体上一对翅膀已向外张开，摆出了随时准备飞离的架势。在一只拱起的翅膀下露出了一对移动着的黑色小爪子，这两只海鸠妈妈显然比其他同伴更有母爱，面对两个庞然大物步步逼近它们的巢穴，它们依然不愿放弃自己的孩子。

终于，一只海鸠妈妈再也按捺不住自己的恐惧，"呼"的一声飞起，它身下的鸟蛋旋转了一圈，向着岩石的低洼处滚去，眼看着就要跌落悬崖了，这时，另一只海鸠冲过来，将鸟蛋归拢到自己的身下。

　　整片光秃秃的岩石上只剩下这只成年海鸠。这时，另一只被母亲丢弃的小海鸠发现了它，摇摇摆摆地朝它奔了过来，似乎想寻求保护。海鸠妈妈没有丝毫的犹豫，它伸出翅膀将小海鸠一把塞进了自己孩子藏身的那一侧。

　　我对这只海鸠不禁产生了一种敬佩之情。我四肢着地，匍匐向前。这下我的手指离它不到一米了，它扭头看向身后的悬崖，看得出内心在激烈地挣扎着，它只要轻轻一拍翅，就有逃生的希望。我停下来，静待着它的行动，可它很快将头扭回来，用长长的尖尖的喙与我对峙。

　　我伸出手，一个指头、两个指头、一只手，最后我像捧鸽子

一样慢慢地捧住这个伟大的母亲。它那颤抖不停的身体、惊恐万分的眼神在我轻柔的抚摸中逐渐平息下来。这种长期生活在海边悬岩上远离人类的野生鸟类，此刻竟能安详地在我的手中扭着它的脑袋放松地左右环顾了，只是它的翅膀依然紧紧地拢着，护着下面藏着的一个蛋和两只幼仔。

当我和同伴准备离去的时候，一大群海鸠在我们头顶上空欢快地鸣叫着，仿佛在庆祝它们的转危为安。我望着它们的身影，脑子里浮现出那只海鸠妈妈的样子。事实上，我们并没能俘获它，它已用强烈的母爱将我们俘虏了。

感恩传承　　这只海鸠妈妈，它为了保护自己的孩子，甘愿放弃逃走的机会，甘愿被人类俘虏。但它怎么会知道，它的这种爱和勇气，会俘虏一个人的心，会让人自然而然地对它产生敬意。任何时候，真情永远最动人。我在想：如果小海鸠知道海鸠妈妈曾经为它们做过什么，它们会做些什么呢？不知为何，我的眼前闪过了"感恩"二字。

少年行动队

少先队活动：滴水之恩，当涌泉相报

【活动主题】 滴水之恩，当涌泉相报

【活动背景】 没有阳光，就没有日子的温暖；没有雨露，就没有五谷的丰登；没有水源，就没有生命的繁荣；没有父母，就没有我们自己；没有亲情、友情和爱情，世界将会是一片孤独和黑暗。我们感谢生活的赠予，感恩周围的这一切。感谢明月照亮了夜空，感谢朝霞捧出了黎明，感谢春光融化了冰雪，感谢大地哺育了生灵。感谢母亲赐予我生命，感谢生活赠予我们友谊与真情，感谢苍穹藏着我们的理想与梦幻，感谢时光留驻永恒公正，感谢收获，感谢和平，感谢一切……

【活动目的】 1. 引导队员了解和感受父母之爱、教师之爱以及博大的社会之爱，体验爱的圣洁、无私和伟大。

2. 帮助队员学会理解关心父母、老师，树立回报意识和奉献意识，以实际的行动报答父母、老师，努力学习，回报社会。

3. 提高队员的品德修养，帮助他们逐步形成良好个性和健全人格。

4. 培养队员感恩的价值观，促进队员主体性的发展，激发队员的自我要求。

【活动日期】_____年_____月_____日

【活动流程】

1. 畅所欲言，话感恩

(1)争先恐后，我抢答。

主持人甲：鱼儿向大海献上优美的舞蹈，因为是大海给了它宝贵的生命。

主持人乙：鸟儿为大树送来悦耳的歌声，因为是大树给了它温暖的家园。

主持人甲：自古以来，人类就懂得感恩，人类的许多节日就是表达感恩的。

主持人乙：现在，我们进行今天主题中队会的第一个程序"畅所欲言，话感恩"的第一个环节：争先恐后，我抢答。

①感恩节源自哪个国家？在哪一天？（源于美国，每年十一月的最后一个星期四是感恩节。）

②母亲节在什么时候？（五月的第二个星期日）

③父亲节在什么时候？（六月的第三个星期日）

④你父母的生日在什么时候？（……）

⑤教师节在什么时候？（九月十日）

⑥我国重阳节在什么时候？（农历的九月初九）

(2)妙语连珠，名人言。

主持人乙：看来，我们中队的同学在今天的中队会前查找资料还挺

　　　　　积极的，六道抢答题都被同学们回答正确。

主持人甲：同学们，中国的感恩教育源远流长，有着悠久的历史。下
　　　　　面，我想请同学们说一说收集到的与感恩有关的古诗。

队员1：滴水之恩，当涌泉相报。

队员2：衔环结草，以德报恩。

队员3：羊有跪乳之恩，鸦有反哺之义。

队员4：唐代诗人孟郊的《游子吟》：慈母手中线，游子身上衣。
　　　　临行密密缝，意恐迟迟归。谁言寸草心，报得三春晖。

队员5：唐代诗人李绅写的《悯农》：锄禾日当午，汗滴禾下土。
　　　　谁知盘中餐，粒粒皆辛苦。

主持人甲：五位同学不但收集了感恩古诗文，而且朗诵得非常
　　　　　好，让我们用掌声感谢他们！

主持人乙：同学们，你们还能说一些与感恩有关的格言吗？

队员6：英国的贝纳特说过这样一句名言：有时我们需要提醒自
　　　　己，心怀感激实在是一种美德。

队员7：意大利的薄伽丘也说过一句名言：友谊是慷慨和荣誉的最贤惠
　　　　的母亲，是感激和仁慈的姊妹。

队员8：前苏联的巴甫洛夫说，我愿用我全部的生命从事科学研
　　　　究，来贡献给生育我、栽培我的祖国和人民。

队员9：有一本书叫《大爱引航》，书里有句话是这样说的，有感
　　　　恩的心，就不会视别人的给予为理所当然而不知珍惜。

队员10：我国改革开放和现代化建设的总设计师邓小平爷爷说过这

样一句话：我是中国人民的儿子，我深深地爱着我的祖国和人民！

　　主持人乙：五位同学收集的感恩格言，非常精彩，也让我们用掌声感谢他们。

2. 情到深处，唱感恩。

　　主持人甲：感恩是对生命恩赐的领悟，是对生存状态的释然；

　　主持人乙：感恩是对现在拥有的满足，是对有限生命的珍惜。

　　主持人甲：感恩是对赐予我们生命的人的报答；

　　主持人乙：感恩是对陌生人给我们关爱的珍藏；

　　主持人甲：学会感恩，永远也不要忘说一声"谢谢"；

　　主持人乙：传递感恩，让我们生活的世界温暖如春！

　　合：请欣赏歌曲合唱《感恩的心》（全体队员齐做手语）。

Thanksgiving juvenile

第四章 / 不该灭绝的树虎

　　自然是我们无形的守护神，她倾其所有为我们所用，是如此的慷慨大方，然而我们能认为这是理所当然的吗？不，我们应该懂得，这是大自然给予我们的恩赐，所以我们要珍惜、要爱护、要感恩。感恩自然，你或许可以为自然插上绿荫，多一份新绿，少一分荒芜。学会感恩自然，珍惜大自然的产物，其实就是感悟生命的真谛。

蝴蝶的勇气 ▶▶▶

为了爱,为了守护,蝴蝶一次又一次地撞击着人类的胸膛。

那是在1977年,当时罗杰斯走在乔治亚州某个森林里的小路上,看见前面的路当中有个小水坑。他只好略微改变一下方向从侧翼绕过去,就在接近水坑时,他遭遇到了突然袭击!

这次袭击是多么的出乎意料!而且攻击者也是那么的出人意外。尽管他受到四五次的攻击还没有受伤,但他还是大为震惊。他往后退回一步,攻击者随即停止了进攻。那是一只蝴蝶,它正凭借优美的翅膀在他面前作空中盘旋。

罗杰斯要是受了伤的话,他就不会发现其中的奥妙;但他没有受伤,所以反倒觉得好玩,于是他笑了起来。他遭到的攻击竟然是来自一只蝴蝶。

罗杰斯收住笑,又向前跨了一步。攻击者又开始向他俯冲过来。它用头和身体撞击他的胸脯，仿佛用尽了全部的力量一遍又一遍地击打他。

罗杰斯再一次退后一步，他的攻击者因此也再一次延缓了攻击。当他试图再次前进的时候，他的攻击者又一次投入了战斗。他一次又一次被它撞击在胸脯上，他感到莫名其妙，不知道该怎么办才好，只好再一次退后。不管怎么说，一个人不会每天碰上蝴蝶的袭击，但这一次，他退后了好几步，以便仔细观察一下"敌"情。他的攻击者也相应后撤，栖息在地上。就在这时他才弄明白它刚才为什么要袭击他。

它有个伴侣，就在水坑边上它着陆的地方，它好像已经不行了。它呆在它的身边，它把翅膀一张一合，好像在给它扇风。罗杰斯对蝴蝶在关心它的伴侣时所表达出的爱和勇气深表敬意。尽管它的伴侣快要死去了，而自己又是那么庞大，但为了伴侣它依

然毅然决然地向他发起进攻。它这样做，是怕他走近它时不经意地踩到它，它在争取给予它尽可能多一点生命的珍贵时光。

现在罗杰斯总算了解了它战斗的原因和目标。留给他的只有一种选择，他小心翼翼地绕过水坑到小路的另一边，顾不得那里只有几寸宽的路梗，而且非常泥泞。它为了它的伴侣在向大于自己几千倍的敌人进攻时所表现出的大无畏气概值得罗杰斯这么做。它最终赢得了和伴侣厮守在一起的最后时光，静静地，不受打扰。罗杰斯为了让它们安宁地享受在一起的最后时刻，直到回到车上才清理了皮靴上的泥巴。

从那以后，每当面临巨大压力时，罗杰斯总是想起那只蝴蝶的勇猛气概，以此来激励自己、提醒自己：美好的东西值得你去抗争。

感恩传承　　蝴蝶一次次的撞击，是带着赴死的决心和勇敢之举，更是一种义无反顾的爱之举。我们常常在探索爱的真谛，其实爱就是这样简单而真诚。为了对方小小的安适，可以付出生命的代价，在这种付出与得到的对比中，我们感知着爱的无私与伟大。

犀鸟的爱情 ▶▶▶

至死不渝，在犀鸟的爱情里，不是传说，而是一种真诚而执着的守候。

今年仲夏，我去了一次西双版纳。清早，我被一阵鸟鸣声吵醒。我拉开窗帘，只见一只长约120厘米的大鸟从我窗前的树林飞快地穿过，落在了对面不远的一棵高树上。鸟鸣声安静下来后，我能够清楚地看到它嘴里衔着东西，不停地往树洞里面送。我当时有些茫然，为什么它要把辛辛苦苦找寻来的食物放到树洞里面去呢？

站在树下，我能够清楚地看到这只鸟有着一张巨型的嘴巴。宽扁的爪子牢牢地抓着树干，靠身体不停地摆动把食物送到树洞里。此时我终于看到这个昏暗的树洞里，还有一只与它一样的大鸟，时不时地将它那张粗阔的大嘴从树洞里伸出来，迎接美味的食物。

旅馆的老板向我介绍了一些这种鸟的生活习性。原来，这种鸟叫犀鸟。就是因为它的头上长了一个类似于犀牛角的盔突，轻巧而坚硬。在外面整日飞翔着，穿松越林的是雄鸟，在树洞中哺育孩子的是雌鸟。它们会在雌鸟产卵前期寻找合适的树洞，雄鸟衔回泥土，雌鸟就从嘴巴里吐出大量的黏液，掺进泥土中，连同树枝、草叶等，混成非常黏稠的材料，用它把树洞封起来，仅留下一个能使自己伸出嘴尖的小洞，以此来预防哺育期间，来自蛇、猴子等天敌的外来侵害。

最后，旅馆的老板告诉我，哺育期间最辛苦的并非是雌鸟，而是出外觅食的雄鸟。一般在小鸟出世之后，雄鸟的体重都会因为疲劳大减。

一场瓢泼大雨接连下了三天，此后便失去了那只雄鸟的踪影。我由开始担心它转移到担心它的妻儿，它们是否会被饿死？

我买来了干果，想爬上树去，将干果从树洞里扔进去，先保

住这些可怜的小生命。可我这一举动被旅店的老板制止了。

"没用的。"他沉静地说道。

"为什么？"我有些奇怪。

"它们就是这样。雄鸟不回来的原因只有一个，就是在外面死掉了。而雌鸟等不到雄鸟归来，也将会和自己未出世的孩子守在洞中，绝食直至死亡。"

我忽然被这种几近残忍的等待感动了。

后来，我翻阅了许多的书来找寻关于犀鸟的介绍。原来这种鸟，终生只有一个配偶，倘若这个配偶不幸死去，那么另外一只也会用绝食这样决绝的方式来了却自己灿若夏花的生命。

我一直都认为活着比死亡更需要勇气，可在这一刻，我却被这种原始的"殉情"方式打动了。这样的死亡，不是身体的消亡，而是连带所有与你有关的东西，包括与你的爱情结晶，还有那些甜美的记忆，都一并在等待死亡的过程中消失了。爱情，在犀鸟的世界里，就单纯地代表着至死不渝，生死相随，而我们人类也未必能做到。

感恩传承	犀鸟一生只有一个伴侣，为了这个伴侣，它们可以殉情，并且带走它们爱情的结晶。这种决绝的方式让我们看到了犀鸟的倔强，看到了它爱的悲壮。在我们周围，爱情被种种浪漫的方式弄得眼花缭乱，虚幻中，爱情被渲染成美而不实的传奇故事。但事实上，爱情，也许就是执着的守候，简单的依赖以及平淡的温暖。

来自骆驼的眼泪 ▶▶▶

骆驼的眼泪，诉说着它们的善良，它们因为自己如此伟大，而流下了感激的泪。

茫茫大漠浩瀚无边，中午的阳光照在沙丘上，刺目的光芒反照在他们的脸上，火辣辣的让人受不了。这已经是约克博士和他的三名助手在这里的第八天了，他们带的水早已用尽。

约克博士已是快六十岁的人了，可他为了神圣的事业——考古，为了给他的助手鼓舞士气，他尽管早已身力衰竭，甚至有几次要虚脱了，可他依旧坚持着，依旧慢慢地向前挪动着象征性的每一步。他的助手中最小的只有十九岁，脸上的孩子气还没有消尽。他就是刚在《环球论坛》上发表了关于"中国还有野骆驼"论文的拉色夫，为了进一步证实自己的论点，这一次中国大漠之行，他的毅力甚至超出了他的导师——约克博士。

正午的太阳并没有因为他们的艰难有丝毫的消停，阳光依旧火一样地把他们裹住，一刻也不肯放过。此时，他们的心里多么渴望有一片绿洲啊，哪怕是巴掌大的一片绿叶也行，那毕竟是生命的色彩啊。尤其是拉色夫，他尽管一开始很有信心，但终究还是个孩子，连日来的困境，把他的信念几近粉碎。在这里，谁也不可能太多地帮助别人和得到别人的帮助。"大漠真是个吃人的鬼蜮。"拉色夫一边想，一边迈着沉重的脚步。突然他的腿一软，就要倒下去了。但他并没有倒下，是约克博士用他并不强健的躯体支住了他年轻的躯干。拉色夫重新站了起来，约克博士却倒在了灼人的沙丘上，这一次他真的虚脱了……

　　整个大漠没有一丝风，就那样灼灼地发着光。约克博士静静地躺在那里。拉色夫用膝盖将他的头支起来。那一刻他们四个人真的很无助，尽管他们从不相信天意，这一刻他们也开始祈祷上天能下一场大雨了。

他们的眼睛都涩涩的，早已被风沙剥蚀得没有一丝的光亮，他们像是站在了生命的悬崖上。

忽然，拉色夫惊叫了一声："看，那里，那里……"约克博士和他的另两名助手顿时来了精神，顺着拉色夫的手势，他们看到远处有两座"山峰"在慢慢地移动。他们知道那一定是骆驼，是一峰中国的野骆驼。他们或许太激动了，一时竟忘了动，他们静静地望着那"山峰"健硕的肌体，倾听它神韵的足音。拉色夫一边拍着照，一边把耳朵伏在发烫的沙丘上，他的脸上溢满了微笑，像是在听一首优美的钢琴曲。

突然那峰骆驼猛地向远方奔去。显然，灵敏的骆驼嗅到了他们的气息。可它奔出不多远，又返身折了回来。一步步向约克博士他们走来。它的步子很慢，看上去很疲惫，正待拉色夫他们为骆驼的返回纳闷不已的时候，那峰骆驼已来到约克博士的身边，细细地舔着他饱经沧桑的脸。拉色夫和他的同伴默默地把约克博士扶到驼背上，然后轻轻地击一下它的背，那峰骆驼便一步一步向前走动了。

此时他们四个人都振奋了许多，他们觉得有了骆驼的引路，很可能就要看到绿洲了。约克博士伏在驼背上更有一种说不出的愉悦。

太阳偏西的时候，他们突然感到脚下的沙丘似乎有了一丝的温润，这一次又是拉色夫第一个跳起来："看！那里，那里，绿洲，绿洲……"他风一样地冲过去，尽情地把水泼在脸上、头发上，就势在水里打了几个滚。当他仰面去看约克博士的时候，却发现那峰骆驼倒在了温润的沙丘上。他没命地奔过去，把头贴在骆驼的脸上。抚摸它的脊背，他看见它的眼里盈满了泪水，晶莹的泪光里映着那一带翠绿的水草，那一带清凉的生命之水……

拉色夫举起了相机，郑重地拍下了这震撼心灵的瞬间。他要让人类都来拯救这古老的文明。这不仅仅因为野骆驼濒临灭绝，更重要的是它和我们人类一样具有鲜活的灵性，它有海一样的胸怀和天空般的博大心灵。

面对神圣的自然，人和动物一样渺小脆弱。但从生命的角度来说，动物和人一样伟大。所以我们没有任何权利去说，人比动物高一等。

一峰野骆驼，也可以是伸出援助之手地奉献着。面对无助的人类，野骆驼放下对人类的戒备，甚至忘记了人类曾经对它们的伤害，帮助人类找到了生命的绿洲。

骆驼在最后一刻流下的眼泪，是对人和动物能够如此和谐的感慨，更可能是对自己的苦难艰辛生活的感叹。骆驼复杂的泪水，让人不得不因为骆驼的博大胸襟而肃然起敬。

如果没有土豆 ▶▶▶

在人类的世界中，植物也可能成为让人趋之若鹜的宝贝，而正是这些宝贝，在某一时刻改变了人类的历史。

如果没有土豆，那么世界会不会变成另外一个样子呢？1555年左右，一些不知名的航海家把它从南美洲的安第斯山带到欧洲。

在花园里伫立了200年后，人们开始发现，这种"观赏植物"的营养成分是谷物的双倍，它含有的维生素C还能防治当时不易治愈的坏血病。

于是，土豆的种植面积在欧洲飞速扩展。在爱尔兰，土豆成了最重要的食物，甚至使那儿出现了人口爆炸。

然而，"成也土豆，败也土豆"。不知是谁把一种褐腐病真菌带到了爱尔兰，短短几天之内，青葱茂盛的土豆地变成一片黑臭的垃圾堆。1855年和1856年，土豆收成全面减产，上百万爱尔兰人被饿死。大约150万爱尔兰的男女老幼踏上了逃荒之路。

他们漂洋过海，来到了美利坚合众国。美国人很同情他们的遭遇，特地放宽了移民政策。爱尔兰人不仅给这个国家增添了众多的人口，还带来了不同于当地人的信仰与文化。此后，意大利人、犹太人、俄国人、波兰人……源源不断地涌进美国。

假如土豆没有被带到欧洲，假如土豆没有遭遇那场病菌袭击，假如没有那场饥荒，也许就不会有后来的这一场大迁徙。看来，美国能成为今天这样一个多元文化的国家，土豆在其中功不可没。

德国女作家苏珊娜·保尔森在《吃太阳的家伙》一书中，给我们讲述了这一段惊心动魄的"土豆创造历史"的故事。在她看

来，除了土豆，还有很多植物以各种形式创造着历史，进而影响了人类的文明进程。

"植物是很多重大历史事件中的幕后英雄，它们是发现、征服以及各种文明变迁的根源，从前是这样，现在也是这样。"她笃定地说。

很少有人从植物的角度考察人类的发展史，特别是近代地理大发现导致的一系列后果。苏珊娜认为，哥伦布急切地想寻找一条去印度的航线，是因为渴望找到胡椒。此前，这种生长在印度南部的热带植物，是由威尼斯商人经奥斯曼帝国带到欧洲。但是15世纪土耳其人封锁了这条路线，胡椒一时紧俏起来。所以，意大利人、西班牙人和葡萄牙人都想从海路到达东方国家，这一点也不奇怪。哥伦布也被派去找胡椒，结果，他出乎意料地找到了中美洲和南美洲——发现了新大陆。可惜那儿不产胡椒，于是，烟叶、可可豆、玉米、西红柿、菜豆和辣椒，这些欧洲根本不存在的重要植物，都被装上了船。

麦哲伦的出航目的之一，也是寻找香料。那时，人人都想寻找一种珍贵的香料——肉豆蔻。开始时冒险家们在沙漠上游荡，但是一无所获，直到威尼斯商人马可·波罗的游记公布于众。他说，自己曾到过一个岛，"这个岛上生长着胡椒、肉豆蔻、薰衣草……和世上所有的名贵香料"。于是，所有怀抱百万富翁之梦的人闻风而动，开始寻找"香料岛"。首先抵达的是一支葡萄牙人的船队。

几年以后，麦哲伦启程了。他的5艘航船绕过美洲南端，穿越了南美大陆和火地岛之间的海上通道，这就是今天的麦哲伦海峡。他们来到了菲律宾，抵达了传说中的"香料岛"。买好香料后，一艘船因为装了太多的肉豆蔻而沉没，另一艘船"维多利亚"号，绕过非洲南端的好望角，于1522年回到西班牙，整个旅程历时3年。

这次航海证明了地球是圆的，而航海家当初出海，只是为了寻找香料，特别是肉豆蔻。如果没有肉豆蔻的强大吸引力，也许，我们对地球形状的了解，不知道还要推迟多少年。

在以后的岁月中，葡萄牙人、西班牙人、荷兰人和英国人蜂拥而至"香料岛"，一旦狭路相逢，往往就是一场恶战。荷兰的东印度公司甚至得到官方授权，可以为了争夺香料而发动战争。

在深刻影响了人类文明进程的植物中，最令人始料不及的莫过于罂粟。苏梅尔人在6000年前就开始种植这种美丽的植物，他们称它为"快乐植物"。据说，成熟的罂粟种子是无害的，可以用来榨油或点缀小面包，有毒的是没有成熟的蒴果。

然而，植物并非有意加害于人。它们针对的是自己的敌人：昆虫。很多植物性麻醉品首先是杀虫剂，其中一部分也会毒害食草动物，如果不是这样，就会有太多的叶子、花朵和根被动物们吃掉。比如，咖啡豆有提神的作用，但咖啡因的真正作用其实是杀死毛毛虫，并让甲虫生不出孩子。

感恩传承	一个土豆，可以引发一次大移民；一株植物，可以引发人类去探索新大陆。植物，在人类的进程史中，担负着那么重要的责任。从某个瞬间，它们甚至引领人类走向未来。 如果你现在忽视了一株植物，那么就是对人类历史的一种亵渎。任何渺小的植物，都可能在以往的某个瞬间带领人类走向光明。感恩每一株植物，也是在敬畏人类的历史。

蜕变 ▶▶▶

蜕变的过程是痛苦的，精彩也许只是蜕变的一瞬间，但这一切都值得，因为生命从此精彩绝伦。

几年前，我在一个名叫鲁迪·马塔尼的著名鳞翅类昆虫学家的指导下为一个自然资源保护团体培育蝴蝶。

麻烦的是，我对蝴蝶的了解并不多。我以前的研究对象主要是鸟类和蜥蜴。那时，我曾陷入绝望。因为研究资金少得可怜，再加上丈夫正要和我离婚，虽然我争得了两个孩子的抚养权，但我已无力两头兼顾。在马塔尼博士找到我之前，我已经濒临放弃，并且已打算搬回奥斯汀市与母亲一起居住。所以，这份工作对我来说简直是一根救命稻草。

我正在培育的蝴蝶是几年前就被估计灭绝的蝴蝶品种。荧光灯下，一个个蝶蛹正在一排排的小塑料碟子上睡大觉。蝶蛹很细小，棕色的颗粒状。"不幸的物种。"在检视蝶蛹时，我自言自

感恩少年

语道。我觉得自己也像一个不幸的物种。何时才能取得学位？何时才能获得一份真正的工作？何时才能有足够的钱买一所房子？我每天都在为这些忧虑。

我拿起一个碟子，把它放到灯光下。忽然，似乎有一个颗粒在活动？我把眼睛靠得更近些。蛹壳在往外胀，似乎就要破裂，我的心跳加速。这一刻到来了吗？蛹壳出现了一条裂缝。几秒钟后，裂缝扩大，一根细长而娇弱的线状物出现在我的眼前——是一条昆虫的腿。腿在颤动，并且开始往外伸展。慢慢地，迟疑不决地，一只翅膀带着褶皱的蝴蝶出现了。它站在残壳上，摇晃着，努力保持着身体的平衡，然后展开了它的翅膀。它的美丽令我目瞪口呆，甚至让人透不过气来。不久，这只蝴蝶拍打着翅膀，飞向了空中。

　　我已经没有更多的时间去欣赏，整间屋子的蝴蝶都开始孵化了。作为蝴蝶的形态，它们在这个世界上只存活4天。这4天是多么的来之不易啊！先是作为一条毛毛虫度过一个月的时间，然后是作为一个休眠的蛹度过漫长的一年。这是多么神奇的蜕变！好像死亡和重生。我多么希望自己也能这样。

　　直到2006年，帕洛斯维第斯蓝蝴蝶的数目才达到稳定。同年，马塔尼博士退休，洛杉矶都市野地团接管这个项目，他们指定我为培育帕洛斯维第斯蓝蝴蝶的唯一负责人。此时，我已为我和两个孩子购置了一套有两个卧室的公寓，我的学位论文也已经完成，并且成了两所大学的讲师，赚取的薪金足够我们母子三人生活。

　　不久前，我驾着新车前往离新的蝴蝶屋不远的帕洛斯维第斯海岸悬崖。春天来临时，在20个志愿者的帮助下，我将在悬崖边把4700只帕洛斯维第斯蓝蝴蝶放归大自然，让久违的奇观再次在大地上重现。而我，也将像它们一样，在经历时间的考验和蜕变后，开始新的人生。

　　蝴蝶的蜕变过程，就像是一个人经历艰难困苦最终走到生命的转折点一样，成长是痛苦的却是不可避免的。虽然成为蝴蝶的状态只有短短的四天，但它终究是完成了自己最美丽的蜕变。这种对完美生命的追求和不妥协，怎能不激励一个正在面临困难的人呢？

　　美丽的蝴蝶用蜕变教会人要积极地面对生命，很多动物也在用自己的故事告诉我们生命的意义。只要你懂得感恩生命的美好，就能够从动物世界的爱与尊严中找寻到生命的力量。

小心植物"报复" ▶▶▶

对待植物，也要赋予真诚的爱。

英国生物学家迈森就遇到过植物的"报复"。屋里有一株榕树，他每天精心照料，一连好几年。结婚时，他已不再年轻了。对这株榕树来说，迈森夫人是屋里的第三者。没过多久，她就得了以前从未得过的好几种怪病，怀孕后，她得了严重的中毒症，医生费尽心思也没能保住胎儿。幸好迈森隐隐约约猜到了原委，把榕树移到温室里，夫人的病很快就好了，还生了个大胖儿子。

这是有文献记载的植物"吃醋"的例子。榕树容不得主人分心，就释放只对女主人起作用的毒素。

圣彼得堡有个妇女，到我认识的一位医师那里看病。她老是无缘无故地情绪低落。原来，她家有一面墙上挂满了紫露草。这种植物尽管同室内景物很相配，但同绝大多数悬垂植物一样，容易令人心情沮丧。我们建议她把墙上的紫露草剪短，而且不要让它长得过长，她的情绪就不再消沉了。

榕树和其他某些植物不仅可能跟人难"相处"，跟猫等宠物也很合不来。

俄罗斯谚语说：屋里养花，男人离家。这有一定道理，因为家里给花草浇水上肥的，一般是女主人，花草就把她同积极因子联系在一起。而男人对花草一般不感兴趣，有时还祸害它们，在花根上摁灭烟头，把花盆当烟灰缸使，引起花草反感。它们当然不会对你扇耳光，但释放有害化合物是它们的拿手好戏。

有几种仙人掌会释放出生物碱，而大脑对生物碱会有反应，产生嗜酒念头，因此这些仙人掌可能使贪杯者变成不可救药的酒鬼。西红柿可能成为你失眠的原因，如果你把西红柿植株放在卧室里过夜，又忘了给它浇水，它就会释放"清醒剂"，"提醒"你它渴了。

在居室植物中，对男子最不利的是常春藤，容易加剧失眠的植物有虎尾兰、常春藤和玫瑰，容易使人心绪平静的有天竺葵和老鹳草。

家里养植物，就要照料爱护它，经常对它说些亲切问候的话，让它保持良好的生长，它就会投桃报李，令你心旷神怡。

不该灭绝的树虎 ▶▶▶

贪婪和欲望，让一大批动物在地球上消失，也将人类自己推上了被自然惩罚的地狱。

一百年前，人们在亚马孙河两岸砍伐树木时，发现一种十分奇怪的现象，在电锯的轰鸣声中，所有的动物都逃离了，唯有一种叫树虎的动物没有走。据记载，树虎是非常怕人的。工人们深感奇怪，不明白这些树虎为什么不走。

他们找来动物学家桑普。桑普的话让工人们吃惊，他说一定有一只树虎被树胶粘在树上了，所以其他的树虎才不走。

大家仔细搜寻，果然发现树干上有一只树虎。原来，一千只树虎里，总会有一两只被树胶粘住，从此再不能动弹。让人感动的是，一动不动的树虎仍然能在世上活很多年，因为周围的树虎都会来轮番喂它。伐木工人听了如此的说法被深深感动，他们将整棵树移到了森林的深处。于是，所有的树虎也都跟着迁移了。

　　但是多少年后，树虎还是在世上灭绝了。因为它的毛皮非常昂贵。于是，有人先将一只树虎用胶粘在树上，其他树虎便相继跟来，寻食喂养这只不能动的树虎。善良使它们纷纷落入猎人的圈套，被贪婪者一网打尽。

　　一只北极鼠，被猎人的夹子夹住了后腿，夹子又被缠在了树上，除了等死，北极鼠别无选择。但它没有死，直到一年后，它的后腿脱落，才一瘸一拐地逃生去了。而这一年中，总会有几只母鼠来喂养它。于是，人们又利用北极鼠的善良，将北极鼠捕获。没过多久，北极鼠同样也被灭绝了。

　　南非沙漠里还有一种动物叫沙龙兔，沙龙兔之所以能在沙漠里成活不被干死，完全是因为一种团结的精神。沙漠每两年才会下一次像样的雨水，这对于任何生命都极为珍贵。每次下雨，成年的沙龙兔都会跑上几十里，不吃不喝，不找到水源绝不回来。每次它们都能把好消息带给大家。它在返回来时，连洞也不进，因为沙漠中的雨水有时会在一天内蒸发掉，因此这是沙龙兔一两年中唯一的一次真正补水。于是，为了争取时间，平日很少见到的沙龙兔群集的景象出现了。大队大队的沙龙兔，会在首领的带领下，跑上几十里去喝水。

而那只成年沙龙兔，一般都会在到达目的地后，因劳累而死去。又是人类，利用沙龙兔的这一特点，故意设制假水源，当大批沙龙兔到达地点后，却发现那里根本没有水而渴死在沙地上。于是，捕猎者便不费吹灰之力地把它们装入口袋。

动物的善良与奉献精神，让人类感动；而人类的残忍，却让人类自己胆寒。据世界动物组织的调查表明，许多动物，如此善良、如此奉献的精神，正是它们繁衍的需要。这种善良与奉献，

是它们代代相传，永远生存下去的基础。世上没有任何天敌能够战胜善良，只有人类做着灭绝善良的事。

世上的许多动物，都是在善良的奉献中被人利用，被人类灭杀的。所以人类要讨论的问题，并不是杀生与不杀生的问题，而是灭绝还是保护善良的问题。

我们是生命的延续，我们是生命共同体。每一个生命体都同我们有着千丝万缕的联系。生活需要幸福，世界需要和平，只要我们谨守世界是一家的心念，灾难就可免除，社会就可和谐。

没有控制、占有的观念，我们会从迷惑中醒悟；没有有我无你的对立，冲突和战争就可烟消云散。基督耶稣说，今日世人忘恩负义，不知恩德。感恩知义，

当从体念父母养育之恩做起。

　　圣贤的学问在于济人之急，救人之危。秉承圣贤的教诲，放弃一己之见，生活即可祥和，世界即可太平。

黑板报：用心感恩，用爱回报

【黑板报主题】用心感恩，用爱回报

【黑板报内容】

1.凡事感激

感激鼓励你的人，因为他给予了你的力量；

感激教育你的人，因为他开化了你的蒙昧；

感激钟爱你的人，因为他让你体会到了爱；

感激伤害你的人，因为他磨炼了你的心志；

感激绊倒你的人，因为他强化了你的双腿；

感激欺骗你的人，因为他增进了你的智慧；

感激藐视你的人，因为他觉醒了你的自尊；

感激遗弃你的人，因为他教会了你该独立。

2.懂得回报

回报父母之恩，是他们让我们有机会看到这个精彩纷呈的世界；

回报母校之恩，是各位师长传道授业解惑，培育我们健康成长；

回报社会之恩，是社会为我们提供了这样一个美好的时代和自由生活的舞台。

小测试：你是否懂得感恩

感恩，一个温馨而又动人的话题。那什么又是感恩呢？我觉得感恩就是紫罗兰把香气留在了扶起它的手指上。这是紫罗兰的感恩方式，那么你又是一个如何感恩的人呢？

请看下面的测试题，每小题共有三个选项：选A得5分、选B得3分、选C得1分，根据积分选择类型。

1. 如果你是牛顿，在树下被苹果砸到了脑袋。这件事被自己的死对头看见了，他嘲笑了你。面对被砸和嘲笑你会怎么办：

   A. 像牛顿一样，不管他人嘲笑，刻苦努力，最终发现万有引力。

   B. 与他相视一笑，说这个苹果是见自己渴了，想让自己解渴然后掉落。

   C. 抓起苹果向他扔去，管他什么苹果问题。

2. 如果你是一个被陷害而蹲过监狱的作家，当你被平反后，记者问你对中国警察的看法时，你会怎么说：

   A. 他们让我明白中国法律的强制性，感谢他们，我会因这次经历而不再犯法。

   B. 他们抓我进去后，我突然有了灵感，会写那篇小说的结尾了。

   C. 中国警察这种杀一儆百的精神很让人"佩服"。

3. 你和另一个同学都有评上"三好学生"的条件，但老师决定让那位同学获此荣誉。你的态度是：

   A. 老师这么做肯定因为我与他还有差距，我应向他看齐。

   B. 心里不舒服，觉得老师不公平。

C.背后揭那个同学的短。

4.如果你是一个爱占小便宜的人，你的同学当众给你指出来，让你很没面子，你的态度是：

　A.没关系，人恒过然后能改，我会改正的。

　B.我爱占就占，关你什么事。

　C.你既然不给我面子，下次，我也就不客气了。

5.你的同桌对你有好感，而你也有所察觉。你生病后，他会帮你收拾桌子，你知道后的态度是：

　A.十分感动，以后对他好点。

　B.装作没看见，置之不理。

　C.管他呢，一厢情愿。

【测试结果】

5-12分：你应该对所有人和事都怀有一颗感恩的心，才能发现身边的真情。

10-20分：你是一个知情达理，知恩图报的人。

20-25分：你对万物存有一颗感恩的心，你的生活充满诗情画意，但有些人会利用你这一优点，要小心哦。